삼귀의 7

십선계 8

발원문 10

자비도량참법 전慈悲道場懺法 傳 13

정단찬淨壇讚 16

삼보찬三寶讚 17

참법의문懺法儀文 19

자비도량참법 제1권 27

자비도량참법 제2권 67

자비도량참법 제3권 99

자비도량참법 제4권 139

자비도량참법 제5권 175

자비도량참법 제6권 213

자비도량참법 제7권 251

자비도량참법 제8권 273

자비도량참법 제9권 305

회향품 제10권 347

백팔배송 367

도움말 390

발문 403

삼귀의

거룩한 부처님께 귀의합니다.

거룩한 가르침에 귀의합니다.

거룩한 스님들께 귀의합니다.

십선계

1. 생명 있는 일체중생이 내 몸과 내 가족이니 존중하고 사랑하겠습니다.

2. 나눔은 행복의 시작이니 작은 것일지라도 기쁜 마음으로 나누며 살겠습니다.

3. 몸과 마음을 단정히 하여 맑고 향기로운 세상의 주인공이 되겠습니다.

4. 진실하고 자비스런 말로 살기 좋은 세상을 만들겠습니다.

5. 밝은 마음 바른 생각으로 정진하여 건강한 사회를 만들겠습니다.

6. 남의 허물을 보면 내 허물임을 돌이켜 반성하며 겸손한 마음으로 감싸겠습니다.

7. 좋은 말, 희망의 말로 격려하며 너그럽고 부드럽게 대하겠습니다.

8. 현실에 감사하며 충실하여 넉넉한 마음으로 인류평화에 앞장서겠습니다.

9. 상대의 마음을 이해하고 배려하며 화목한 인연을 만들겠습니다.

10. 삼보에 귀의하여 깨달음을 이룰 때까지 복덕과 지혜를 닦아서 부처님 세상을 만들겠습니다.

발원문

자비도량참법을 독송하여 수지하고 수행하는
공덕으로 제불보살님과 일체 제대성현과 영령
들이시여, 증명하여 주소서.

다생겁래로부터 지금에 이르도록
몸으로 애착하여 탐진을 일으키고
입을 다스리지 못하여
많은 화합을 깨뜨리고
나의 이익만을 구하려
갖가지 악업을 일으켰으며
자재하지 못하는 마음이
스스로 천지를 돌아다니면서

없는 것을 지어내고

있는 것을 무시하고 멸시하여

나쁜 습관을 반복하여 두루 악업만 지어놓고

분별하는 마음을 내어

잘못된 생각으로 아만심은 가득하여

지혜를 등지고 어두운 길에 헤매이며

갖가지 장애에 얽매여서

선업을 쌓고자 하나

마음대로 이루지 못하였나이다.

다행히 나를 돌아보고 참회하며

닦아갈 수 있는 복전을 만났으니

정성을 다하여 삼보전에 귀의하는 공덕과

제불보살의 대자대비하신 본원력으로

장애는 소멸되어

선업을 지어감이 날마다 더하여서

삼보찬 三寶讚

부처님 찬탄 그지없어

무량겁에 공을 이루시니

우뚝하신 자금빛 장육금신*이여,

설산雪山에서 도를 이루시니

미간의 백옥호白玉毫* 찬란하신 빛

육도六道*의 어둠을 비추시나니

용화회상龍華會上*에서 서로 만나

참된 법문 연설하오리.

나무 불타야佛陀耶

가르치신 법보法寶* 한량이 없어

부처님의 금구金口*로 말씀하신 것

용궁해장龍宮海藏에 하늘 향 흘으며
깨달은 이 경전을 외우나니
옛날의 삼장법사三藏法師*가 가져온 것
만고萬古에 길이길이 드날리도다.
나무 달마야達摩耶

스님네들 부사의하여라.
몸에는 세 가지 가사 입고
여러 중생에게 나아가나니
인간·천상의 공덕주功德主 되며
하염없는 계율 굳게 지니어
서원하오니
육환장으로 인도하소서.
나무 승가야僧伽耶

참법의문 懺法儀文

찬讚

계향·정향 등을 사루어

지극한 정성으로 황금 향로에 올리오니

잠깐 동안에 향기가 시방세계에 가득하네.

옛날에도 야수다라께서

난을 면하고 재앙이 소멸되었나이다.

나무 향운개보살마하살香雲盖菩薩摩訶薩〔3〕

삼가 듣사온 즉, 양무제는 처음 시작하면서 미륵보살의 이름을 썼으며, 지공스님은 연화장 蓮華藏세계의 글을 모으고 모든 경에서 부처님들 의 명호를 기록하며, 스님들을 청하여 참법을 선양하였나이다.

참회하는 법문은 양나라 황제의 꿈을 감응케 하였고 상서로운 기운이 찬란하고, 향기가 대궐에 진동하며 꽃술이 왕궁에 화려하니, 푸른 구름 속에서 천인天人이 단정한 몸을 나타내고, 백옥의 섬돌 앞에는 치씨가 구렁이의 괴로움을 벗었나이다.

이렇게 재앙이 소멸되어 길상한 일이 생기고 죄업이 없어져서 복이 이르렀나이다.

참으로 병을 구원한 좋은 약이며 어둠을 깨뜨리는 밝은 등불이옵니다. 은혜는 온 세상에 가득하고 공덕은 모든 중생에게 가피하니, 참법의 공덕을 무어라 찬탄하리요.

이제 참법의 글을 열어 보현보살께 아뢰옵고, 마음의 향화香花를 시방의 부처님께 공양하오며,

청정한 참법의 단壇을 장엄하려고 먼저 비밀한 글을 외우오니, 바라건대 선한 결과로 가피하시어 죄업의 인因이 소멸되게 하소서.

　넓으신 자비에 호소하오니 크게 영험을 드러내 주시옵소서.

나무 보현왕보살마하살普賢王菩薩摩訶薩〔3〕

한 보살이 결가부좌하고 계시니
이름은 보현이요, 몸은 백옥 빛이며
오십 가지 광명과 빛깔은
후광後光이 되어 빛나고
몸의 털구멍마다 금색 광명이 흘러나오며
광명 위에는 한량없는 화신化身 부처님께서
화신 보살로 권속을 삼고
천천히 거닐며 보배 꽃을 피우면서

수행자의 앞에 이르시네.

수행자가 보고는 환희하여 예배하고

깊고 깊은 경전을 다시 읽고 외우며

시방의 무량한 부처님께 두루 예배하고

다보불탑多寶佛塔과 석가모니불께 예배하고

아울러 보현보살과 모든 큰 보살에게도

예배하고 발원하나니,

저희가 전생의 복덕으로

보현보살 뵈올 수 있다면

원컨대 보살이시여,

기꺼이 저희에게 색신色身*을 나타내소서.

나무 보현보살마하살普賢菩薩摩訶薩〔10〕

일체공경一切恭敬

지심귀명례 시방법계 상주불
至心歸命禮 十方法界 常住佛

지심귀명례 시방법계 상주법
至心歸命禮 十方法界 常住法

지심귀명례 시방법계 상주승
至心歸命禮 十方法界 常住僧

저희들은 각각 호궤胡跪*하고

향과 꽃으로 시방법계의 삼보三寶*전에

법답게 공양하나이다.

바라옵나니,

꽃과 향기 시방에 퍼져

아름답고 미묘한 광명대光明臺 되고

하늘세계의 풍류와 보배로운 향과

하늘나라의 음식과 보배로운 의복과

부사의하고 오묘한 법의 티끌法塵 속에서

티끌마다 나오는 모든 티끌과

티끌마다 나오는 모든 법들이

장애 없이 번갈아 장엄하니

시방세계 삼보전에 두루 이르고

계신 곳마다

그곳에서 이내 몸 공양 받들며

그런 몸이 법계에 가득 찼으되

복잡도 않고 걸림도 없어

오는 세상 끝나도록 불사佛事를 지어

온 법계의 중생들께 두루 풍기고

향기 맡은 중생들은 보리심 내어

무생법인無生法忍*의 부처님 지혜 얻게 하소서.

❀준비된 꽃잎을 법당 안팎으로 뿌리고 향을 사룬다. ❀

이 향기와 꽃구름이

시방세계에 두루 퍼져

여러 부처님과 가르침과

모든 보살들과 그지없는 성문들과

천인들께 공양하오니,

광명대를 이루어 무량한 세계 지나가면서

한량없는 부처님 세계에

갖가지로 불사를 지으며

중생들께 널리 풍겨

모두들 보리심을 내게 하소서.

나무 보단화보살마하살寶檀花菩薩摩訶薩 〔3〕

상호가 매우 기특하시고

광명은 시방을 비추시니,

부처님께서는

하늘들 가운데 왕이시며
중생을 어여삐 여기시는 이
저희들 지금 예배합니다.

자비도량참법 제1권

입참문入懺文

듣사오니, 화신化身이 시방국토에 두루 응하시고, 설법하는 음성이 삼계의 인간·천상에 들리나니, 모든 것에 걸림 없는 사람들이 모두 한 길과 한 문으로부터 생사의 고해를 벗어나고, 일승一乘*의 원교圓敎*와 돈교頓敎*가 모두 한 모양과 한결같은 맛으로 열반을 증득하게 하나이다. 근거를 따름은 달이 일천 강에 비추듯 하고, 물건에 응함은 봄이 온 누리에 돌아오는 듯이 법계를 모두 반연하고 도량마다 두루 나투시도다.

도안道眼으로 증명하사 범부의 괴로움을 보살

피소서.

오늘, 참회하고자 하는 저희들이 자비도량참법을 건설하는데 제1권의 단壇에 들어가는 연기緣起를 당하여 일심으로 정성을 다해 삼업三業*을 깨끗이 하고 과목을 따라 범음梵音을 연설하며, 향을 사르고 꽃을 흘어 시방의 삼보님께 공양하고, 발로發露참회*하여 업장을 소멸하려 하나이다.

생각건대, 저희들이 끝없는 옛적부터 오늘에 이르도록 본 성품을 모르고 일승의 이치를 등졌음에 눈을 가리는 병으로 공화空華가 어지럽고, 무명無明의 물거품이 일어나서 환멸의 바다가 출렁거립니다. 참된 삼매를 어기고 무명으로 삼독三毒*이 치성하여 천만 가지 업을 지었는지라, 팔만 가지 번뇌로 백·천 가지 업장을 지었으며, 탐욕의 경계는 고삐 없는 미친 코끼리 같고,

허망한 인연을 좇는 것은 등불에 모여드는 나비와 같아서, 죄는 태산 같이 쌓였고 악업은 창해처럼 깊으니 선근이 소멸되어 나쁜 과보에서 도망할 길이 없나이다.

이제 간곡한 생각으로 마음을 고치고, 밖으로는 좋은 인연을 의지하며 안으로는 부끄러운 뜻을 품어 대중과 함께 참회의 법문을 외우오니, 부처님이시여, 광명을 드리워 여러 생의 죄업을 씻게 하시고 크신 자비를 드리워 가피하소서.

자비심은 여러 선한 법 중의 왕이어서 일체 중생이 귀의할 곳이니, 해가 낮에 비치듯, 달이 밤에 비치듯, 사람의 눈이 되고 길잡이가 되어, 도량에 함께 나아가는 선지식이자 자비하신 어버이여서 혈육보다 소중하나니, 세세생생에 서

로 의지하여 평등한 마음으로 위와 같이 이름하
느니라.

오늘 이 도량에서 산 대중과 죽은 대중이 함께
이 참법을 세우고 큰마음을 발함에는 열두 가지
큰 인연이 있나니, 무엇이 열둘인가.

1은, 원컨대 육도를 교화하되 마음에 제한이
없음이요,

2는, 자비하신 은혜를 갚되 공덕이 무한함이요,

3은, 모든 중생들이 부처님의 계율을 받되 법할
마음을 일으키지 않음이요,

4는, 모든 중생들이 어른을 대하여 경홀한 마음
을 일으키지 않음이요,

5는, 모든 중생들이 태어난 곳에서 성내는 마음
을 일으키지 않음이요,

6은, 모든 중생들이 다른 이에게 질투심을 내지

않음이요,

7은, 모든 중생들이 안팎의 법에 대하여 간탐하는 마음을 내지 않음이요,

8은, 모든 중생들이 복을 닦되, 보호받지 못하는 중생을 위함이요,

9는, 모든 중생들이 자기만을 위해 사섭법四攝法* 을 행하지 않음이요,

10은, 모든 중생들이 고독한 이와 구속된 이와 병난 이를 보거든 구제하려는 마음을 내어 안락을 얻게 함이요,

11은, 모든 중생들이 굴복시킬 이는 굴복시키고, 거두어 줄 이는 거두어 주게 함이요,

12는, 모든 중생들이 항상 보리심을 내고 계속 이어지게 함이니,

원컨대 산 대중과 죽은 대중이 범부와 성현의

보호함을 입고 섭수함을 받으며, 저희들의 참회가 청정하여 소원을 성취하고 부처님의 마음과 같고 부처님의 서원과 같아서, 사생四生* 육도가 모두 따라와 보리심을 만족하게 하소서.

1. 귀의삼보歸依三寶

오늘, 동업대중이 누구나 각오覺悟할 뜻을 일으키되, 세상이 무상하니 이 몸이 오래 가지 못할 것을 생각하라. 젊다고 하나 반드시 노쇠하나니, 용모만을 믿고 스스로 나쁜 행동을 하지 말라. 만물이 모두 무상하여 필경에 죽어 가는 것이니, 천상천하에 누가 영원히 머물러 있으리요. 젊은 얼굴과 살결이 아름답고 향기로우나 영원히 보존하지 못하고 마침내는 늙고 죽는 것이어서

생·로·병·사는 기약이 없나니 누가 나를 위하여 물리칠 것인가. 재앙이 갑자기 이르는 것임에 벗어날 수 없느니라. 귀천을 가리지 않고 한 번 죽으면 퉁퉁 붓고 썩어서 냄새를 맡을 수 없나니, 속절없이 아낀들 무슨 이익이 있으랴. 만일 훌륭한 업을 행하지 않으면 벗어날 길이 없는데 참법의 이 자리는 기약이 있나니, 부지런히 정진하여 마음을 가다듬고 인욕하는 정성으로 법문에 깊이 들어갈지니라.

지심귀명례 시방 진허공계 일체제불
至心歸命禮 十方 盡虛空界 一切諸佛

지심귀명례 시방 진허공계 일체존법
至心歸命禮 十方 盡虛空界 一切尊法

지심귀명례 시방 진허공계 일체현성
至心歸命禮 十方 盡虛空界 一切賢聖

무슨 뜻으로 삼보에 귀의하는가. 부처님과 보살들은 한량없는 큰 자비가 있어 세상을 제도하고 위로하며, 모든 중생들을 외아들처럼 생각하고 대자비심으로 쉬지 않고 모든 중생들을 이익케 하며, 중생들이 삼독의 불을 소멸하여 깨달음을 얻도록 교화하시며, 중생이 깨닫지 못하면 정각을 취하지 않는다고 하셨나니, 그러므로 마땅히 귀의해야 하느니라.

또, 부처님은 중생을 어여삐 여기심이 부모보다도 더 하시느니라.

경에 말씀하기를, "부모가 자식을 생각함은 한 세상에 그치거니와, 부처님의 중생에 대한 자비는 끝이 없느니라. 부모는 자식의 배은망덕함을 보면 성을 내며 자비가 약해지지만, 부처님과 보살의 자비는 이런 중생을 보면 자비심이

더욱 커지며, 무간지옥에 들어가고 큰 불구덩이
에 들어가더라도 중생들을 대신하여 무량한 고
통을 받는다."고 하셨느니라.

그러므로 부처님과 보살님들이 중생을 생각하
심이 부모보다 더한 것이거늘, 중생들의 무명이
지혜를 가리고 번뇌가 마음을 덮어서 부처님과
보살님들에게 귀의할 줄을 모르며, 법을 말하여
교화하더라도 믿지 않고 나쁜 말로 비방하며
부처님의 은혜를 생각하지 않으며, 믿지 않는
연고로 나쁜 갈래에 들어가 무량한 고통을 받으
며, 죄가 끝나고 인간에 태어나도 이목구비가
온전치 못하고 선정이 없고 지혜가 없나니, 이런
것들은 다 신심이 없는 탓이니라.

믿지 않는 죄는 모든 죄의 으뜸이니, 수행하는
사람들로 하여금 길이길이 부처님을 보지 못하

게 하느니라.

오늘 서로가 견고한 마음을 내어 향상심向上心을 내고 부끄러운 뜻을 일으켜 간절하게 지나간 죄를 참회할지어다. 죄업이 다하여 안팎이 깨끗해진 연후에 믿는 문에 들어가야 하거니와, 만일 이런 마음과 이런 뜻이 없으면 다시는 돌아오지 못하리니, 일심으로 믿어 다시 의심이 없게 해야 하느니라. 우리들이 오늘날 부처님과 보살들의 자비하신 힘으로 깨달으니, 부끄러운 마음으로 이미 지은 죄는 소멸하기를 바라고 앞으로는 어떤 죄도 짓지 않기로 서원하지 않겠는가.

오늘부터 깨달음을 증득할 때까지 견고한 신심을 내어 다시 물러나지 않으며, 어떠한 모양과 환경에 태어나더라도 견디기 어려운 고통을 천 겁 만겁 동안 받더라도 결단코 오늘의 신심을 어기지 않으리니, 원컨대 부처님과 보살님들이 구호하시고 섭수하시어 저희들로 하여금 신심이 견고하여 부처님 마음과 같고 부처님의 서원과 같아서 마군과 외도들이 능히 파괴하지 못하게 하소서.

동업대중들이여, 마음을 가다듬고 들으라. 인간과 천상이 모두 환술 같고 헛된 것이니, 환술이 헛된 것이므로 진실한 과보가 없고, 헛된 것은 뿌리가 없으므로 변천이 끝없느니라. 진실한 과보가 없으므로 오랫동안 생사에 헤매고, 고해에 항상 유전하나니, 이런 중생들을 성현은 가엾이 여기시느니라.

그러므로 삼매경에 말씀하시되, "모든 부처님의 마음은 대자비심이니, 자비심으로 고통 받는 중생을 반연하실 때에, 만일 중생이 괴로움 받는 것을 보면 화살이 염통에 박히는 듯, 눈동자를 찌르는 듯하여 슬피 우시면서, 그 괴로움에서 구하여 안락하게 하려 하시며 평등하게 제도하시느니라. 석가모니 부처님을 용맹하다고 칭찬하심은, 능히 그 많은 괴로움을 참으시고 중생을 제도하시는 연고니라. 그러므로 알라. 본사 석가 부처님의 은혜가 막중한 까닭은 괴로움 받는 중생들을 모두 이익하게 하시는 까닭이니라."고 하였다.

우리들이 오늘날까지 제도하심을 입지 못한 것은 업장이 두터워서 우리의 생각이 부처님의 자비를 어긴 연고니라.

오늘날 각각 연모하는 마음을 일으킬지니, 괴로운 가운데서도 부처님의 은혜를 생각하고 지극한 마음으로 국왕과 대신과 토지와 국민과 부모와 스승과 시주 단월과, 선지식과 악지식과, 하늘과 신선과 총명하고 정직한 천지 허공의 호세사천왕과, 착한 일을 주장하고 악한 일을 벌주는 이와, 주문을 수호하는 이와, 오방용왕과 용신팔부와 시방의 무궁무진한 중생들을 위하여 예경할지니라.

지심귀명례 시방 진허공계 일체제불
至心歸命禮 十方 盡虛空界 一切諸佛

지심귀명례 시방 진허공계 일체존법
至心歸命禮 十方 盡虛空界 一切尊法

지심귀명례 시방 진허공계 일체현성
至心歸命禮 十方 盡虛空界 一切賢聖

❀ 호궤 합장하고 ❀

정성을 기울여 사뢰옵니다.

시방의 삼보께서는 자비의 힘과 본원의 힘과 신통의 힘과 불가사의한 힘과 끝없이 자재한 힘과 중생을 제도하는 힘과 중생을 감싸 보호하는 힘과 중생을 위로하는 힘으로 중생들을 깨닫게 하시나니, 저희들이 오늘날 삼보에 귀의함을 아시나이다.

이 공덕의 힘으로 천상이나 신선 중에 있는 이는 번뇌를 끝나게 하고, 아수라에 있는 이는 교만한 버릇을 버리게 하고, 인간에 있는 이는 괴로움을 없게 하고, 지옥·아귀·축생에 있는 이는 그 갈래를 여의게 하소서.

오늘날 삼보의 이름을 들었거나 혹은 듣지 못한 모든 중생들이, 부처님의 신통력으로 다 해탈을 얻어서 끝내는 무상보리無上菩提*를 성취하여 여러 보살들과 같이 정각에 오르게 하소서.

2. 단의斷疑

동업대중이여, 일심으로 자세히 들으라. 인과의
관계로 나게 되는 것은 필연이라 어긋남이 없건
만, 중생들의 업행業行이 순일하지 않고 악을
번갈아 쓰는 연고로, 그 과보에는 정미롭고 거칠
은 것이 있어서 귀하고 천하고 선하고 악한 것이
만 가지 차별이 있느니라. 차별이 있으므로 본래
의 행을 알지 못하고 알지 못하므로 의혹이 어지
럽게 일어나, 정진하고 계행을 지키는 이는 마땅
히 오래 살아야 할 것인데 도리어 단명하고,
도살하는 사람은 단명해야 할 것인데 도리어
장수하며, 청렴한 선비는 부귀해야 할 것인데

오히려 빈곤하고, 도둑질하는 사람은 곤궁해야
할 것인데 도리어 잘 산다 하나니, 이러한 의혹은
어느 사람인들 없으랴마는 과거의 업으로 받는
과보인 줄 알지 못하고, 중생들이 경의 말씀을
믿지 않고 의심을 하는 것은 다 무명의 망념으로
뒤바뀐 생각을 내는 것이니라.

무릇 의혹하는 습기를 이생에서 끊지 못하면
내생에는 더욱 증장할 것이니, 대중들은 마땅히
부처님 말씀대로 수행할 것이요 의심하지 말지
니라. 여러 부처님들이 생사에서 벗어나 피안에
이르신 것은 쌓은 선善공덕으로 말미암아 자재
해탈한 것이거늘, 우리들은 오늘까지 생사를
떠나지 못하였으니 진실로 슬픈 일이다.

그러므로 진실한 이치를 얻으려거든 부처님의
말씀을 의지할지니, 부처님 말씀을 어기고 깨달

기는 어려운 일이니라. 모든 중생이 부처님의 말씀을 어긴 탓으로 여러 가지 고통을 받는 것이니, 부디 부처님의 말씀과 같이 하여 잠깐도 쉬지 말고 모든 법을 부지런히 닦되, 머리에 불붙은 것을 끄듯이 할 것이니라.

지금 모든 사람이 다 같이 간절하게 참회하고 옛날부터 오늘에 이르기까지 다생多生부모와 시방의 무궁무진한 중생들을 위하여 삼보께 귀의하오니, 바라건대 자비하신 힘으로 거두어 주시며 신통력으로 두호하소서. 오늘부터 보리에 이르도록 사무량심四無量心*과 육바라밀六婆羅密*이 항상 앞에 나타나며, 사무애지四無碍智*와 육신통六神通*이 뜻대로 자재하여 보살도를 행하여 부처의 지혜에 들어가서 다 같이 정각에 오르게 하소서.

동업대중이여, 다시 지극한 정성으로 함께 귀의하고 믿는 문에 들어가며, 마땅히 생각을 가다듬어 자신의 업이 분명하게 소멸되지 않았더라도 다른 이가 복 짓는 일을 마땅히 권장하고 덕에 나아가는 것을 존중할지언정, 부질없는 마음으로 장애를 지어 수행하는 사람을 방해하지 말지니라. 훼방하면 나만 스스로 해로울 것이요, 부질없는 시비로 악업만 쌓여 무슨 이익이 있겠는가. 만일 선한 일을 장애하지 않으면 유력한 대인이 되려니와, 만일 장애를 짓는다면 오는 세상에 어떻게 부처님의 도를 통달할 것인가.

이치를 따라 생각하면 손해가 막심하고 선근을 방해한 죄과가 진실로 클 것이니라.

한 가지 구업으로도 여러 겁 동안 과보를 받거늘, 하물며 그 외의 여러 가지 선하지 못한 근본이겠는가. 이 몸으로 고통을 받는 것은 모두 스스로 지은 업의 과보이니, 인과因果는 마치 그림자와 메아리 같아서 여읠 수 없느니라. 무명無明으로 말미암아 난 몸이니 역시 그로 인하여 죽을 것이니라.

오늘 대중들은 각각 참괴한 생각으로 몸과 마음을 가다듬어 예전의 허물을 참회하고, 다시 악업을 짓지 않으면 부처님들이 칭찬하리라.

우리는 오늘부터 남의 선한 일을 보면 성취하거나 성취하지 못하거나, 오래 하거나 오래 하지 못하거나를 막론하고 기뻐할지니라.

만약 일념이나, 잠깐이나, 한 달이나, 반년이나, 일 년만이라도 선한 생각을 한다면, 그 공덕이 적지 않느니라.

저희들이 생각건대, 무시이래로 오늘에 이르

도록 이미 나쁜 마음으로 한량없이 남의 선한 일을 방해했을 것입니다. 만약 그런 일이 없었으면 어찌하여 오늘날까지 모든 선한 일을 망설이기만 하고 선정禪定과 지혜를 닦지 않으며, 잠깐 동안 예배하고는 큰 고생을 하였다 하고, 잠깐 동안 경을 읽고는 문득 게으른 생각을 내며, 종일토록 분주히 악업을 일으켜 이 몸으로 하여금 해탈을 얻지 못하게 하리요. 마치 누에가 고치를 짓듯 자승자박하고, 나비가 스스로 불에 들어가 타는 것과 같나니, 이런 업장이 무량무변하여 보리심을 장애하고 보리원을 장애하고 보리행을 장애하는 것은, 모두 악한 마음으로 남의 선한 행을 비방한 탓입니다.

이제야 비로소 깨닫고 부끄러운 마음을 내어 머리를 조아리고 불보살을 향해 참회하나니,

원컨대 여러 부처님과 보살님께서는 자비력으로 가피하시어 저희들이 참회하려는 죄업을 멸하게 하시고 뉘우치는 허물을 청정케 하시며, 지은 죄업이 이번의 참회로써 깨끗이 없어지게 하시옵소서.

저희들이 시작이 없는 생사로부터 오늘에 이르도록 도를 얻지 못하고 업보의 몸을 받았음에 탐욕과 질투하는 삼독이 치성하여 모든 악업을 일으켰습니다. 남이 보시하고 계 지키는 것을 보고도 스스로 행하지도 따라서 기뻐하지도 못하며, 남이 인욕하고 정진함을 보고는 스스로 행하지도 따라서 기뻐하지도 못하며, 남이 좌선하고 지혜를 닦는 것을 보고는 스스로 행하지도 따라서 기뻐하지도 못하였음에, 이러한 죄가 무량무변한 것을 오늘날 참회하여 없애기를 원하나이다.

비롯함이 없는 옛날부터 오늘에 이르도록 남이 선한 일을 하여 공덕 닦는 것을 보고도 능히 따라서 기뻐하지 못하고, 함부로 행동하고 머물고 앉고 눕는 일에 부끄러운 마음이 없고 교만하고 게을러서 무상함을 생각하지 못하며, 삼보를 건립하고 공양함을 훼방하여 그가 닦는 모든 공덕을 장애하였으니, 이러한 죄업이 무량무변함을 오늘 참회하여 없애기를 원하나이다.

무시이래로 오늘에 이르도록 삼보가 귀의할 곳임을 믿지 않아 남들의 출가함을 장애하고, 지계持戒*함을 장애하고, 보시함을 장애하고, 인욕함을 장애하고, 정진함을 장애하고, 좌선함을 장애하고, 독경함을 장애하고, 경 베끼는 일을 장애하고, 재齋 올리는 일을 장애하고, 불상 조성함을 장애하고, 공양 베푸는 일을 장애하고, 수행하는 일들을 장애하였으며, 내지 남의 조그만 선도 모두 장애하였습니다.

삼보에 귀의하여 부처님의 말씀대로 생활하는 것이 올바른 법인 줄을 믿지 않고, 인욕이 안락한 행인 줄을 믿지 않고, 평등한 것이 보리의 길임을 알지 못하고, 망상을 여의는 것이 출세하는 마음인 줄을 알지 못하여 나는 곳마다 장애가 많았으니, 이런 죄장罪障이 무량무변한 것을 오늘 부끄럽게 생각하고 발로참회하옵나니, 모든 죄의 원인과 괴로운 과보를 소멸하기를 원하나이다.

오늘부터 깨달음에 이를 때까지 보살도를 행하되 싫은 생각이 없으며, 재보시財布施와 법보시法布施를 행하여, 지혜와 방편으로 짓는 일이 헛되지 않아 보고 듣는 모든 것들을 다 해탈하게 하소서.

바라옵건대, 시방의 여러 부처님과 보살님과 여러 현성께서 자비하신 마음으로 가피하사, 여섯 갈래의 모든 중생들이 지금 참회하는 인연으로 모든 고통을 끊어버리고 뒤바뀐 인연을 떠나서 나쁜 소견을 일으키지 않으며, 사악취四惡趣*의 업을 버리고 지혜가 생겨 보살도 행하기를 쉬지 않고, 수행과 소원이 원만하여 빨리 십지十地*에 오르고 금강심에 들어가 등정각等正覺*을 이루게 하소서.

3. 참회懺悔

동업중생이여, 경에 말씀하기를 "범부는 속박이라 하고 성인은 해탈이라 한다."고 하였으니,

속박은 삼업으로 일으킨 악이요, 해탈은 몸과 입과 생각으로 옳다 그르다, 좋다 나쁘다는 분별심이 떠난 무애無碍한 선善이니라.

모든 성인들은 지혜와 방편의 무량한 법문으로 중생의 업을 분명히 알고, 지혜로 행하는 모든 것에 걸림이 없느니라. 오직 삼가고 조심하여 악업을 짓지 않고 부지런히 선업을 닦은 결과이니라.

만일 범부를 버리고 성인의 자리에 들어가려거든, 부처님의 가르침대로 수행하되 작은 괴로움 때문에 해태한 생각을 내지 말고 스스로 노력하여 죄업을 참회할지니라.

경에 말씀하기를 "죄는 인연으로 좇아 나고 인연으로 좇아 멸한다."고 하였는데, 가는 곳마다 장애가 많으니 스스로 참회하지 않고야 어떻게 벗어나리요.

오늘날 서로서로 용맹심을 일으켜 발로참회할지니, 참회하는 힘은 불가사의하여 수행하는 모든 사람으로 하여금 안락을 얻게 하나니, 참법을 수행하되 간절하게 참회하고 귀의하면 부처님을 감동시키지 못함이 없으리라.

인과因果는 소리와 메아리 같아 어긋나지 않나니, 마땅히 두려운 줄을 알고 참회하되, 각각 지극한 마음으로 다 같이 간절하게 참회할지니라.

저희를 고액苦厄으로부터 구해주시고
대자대비로 감싸주시며,
지혜광명으로, 어리석어 캄캄한 것 없애주소서.

저와 여러 사람들

여러 가지 괴로움을 받고 있나이다.

저희들에게 오시어 안락을 얻게 하소서.

저희들 머리 조아려

구원해주시는 이에게 예배하며

세간의 자비하신 부처님께 귀의합니다.

바라옵건대 꼭 오시어서 저희들의 삼독의 고통을 가엾이 여기사 안락을 얻게 하시며, 대열반을 베풀어주시고 자비의 물로 죄업의 때를 씻어주시어 보리에 나아가 끝내 청정케 하소서. 사생육도 중에 죄업이 많은 중생들이 다 같이 청정함을 얻어 아뇩다라삼먁삼보리를 성취하여 구경에는 해탈케 하소서. 지극한 마음으로 다 같이 간절하게 참회하나이다.

저희들이 무시이래로 오늘에 이르도록 무명에 덮이고 애욕에 얽매여 고해에 빠져 스스로 벗어나지 못하였으며, 지나간 죄업과 인연을 알지 못하여 나와 남의 깨끗한 생활과 법행을 파하고 계행을 파한 이러한 죄업이 무량무변한 것을 오늘 참회하오니 소멸하여 주소서.

무시이래로 오늘에 이르도록 몸과 입과 뜻으로 열 가지 나쁜 업을 지었으니, 몸으로는 살생·투도·음행이며, 입으로는 망어·기어·양설·악구며, 뜻으로는 탐심·진심·우치로써 스스로 십악을 행하고 다른 이로 하여금 십악을 행하게 하였으며, 십악을 찬탄하고 십악을 행하는 이를 찬탄하였나이다.

이렇게 일념 동안에 갖가지 악업을 지은 죄가 무량무변한 것을 오늘 참회하오니 소멸하여 주소서.

무시이래로 오늘에 이르도록 육근六根*을 의지하여 육식六識*을 행하면서 육진六塵*을 취하는데, 눈은 빛을 애착하고, 귀는 소리를 애착하고, 코는 향기를 애착하고, 혀는 맛을 애착하고, 몸은 보드라운 것을 애착하고, 뜻은 법진法塵*을 애착하여 여러 가지 업을 지었으며, 내지 팔만사천에 달하는 번뇌의 문을 열었으며, 이러한 죄악이 무량무변한 것을 오늘 참회하오니 원컨대 소멸하여 주소서.

무시이래로 오늘에 이르도록 몸과 입과 뜻으로 불평등한 일을 하면서 내 몸이 있는 줄만 알고 다른 이의 몸이 있는 줄은 알지 못하며, 나의 고통만 있는 줄 알고 다른 이의 고통이 있는 줄은 알지 못하며, 나의 안락만 구할 줄 알고 다른 이의 안락을 생각지 못하며, 나만 행복을 구하는 줄 알고 다른 이가 행복을 구하는 줄은 알지 못하며, 나의 집과 권속만 알고 다른 이에게 집과 권속이 있는 줄은 알지 못하며, 한낱 자기 몸의 가렵고 아픈 것은 참기 어려워하면서 다른 이의 고통은 더 심하지 않음을 걱정하는 악업을 짓고, 지은 악업으로 인하여 오는 갖가지 고통 받을 것이 무서운 줄은 생각지 않으며, 내지 아귀와 축생과 아수라와 인간과 하늘의 세계에 여러 가지 고통이 있는 것을 두려워하지 않았나이다. 이와 같이 불평등하게 나다 남이다 하는 마음을 일으켜 원수와 친한 이란 생각을 했으니, 원결을 맺은 죄가 무량무변한 것을 오늘 발로참회하고 소멸하여 주시기를 발원하나이다.

무시이래로 오늘에 이르도록 마음과 생각과

소견이 뒤바뀌어 선지식을 여의고 악지식을 친근하며, 법이 아닌 것을 법이라 말하고 법을 법이 아니라 말하며, 불선을 선이라 말하고 선을 불선이라 말하면서 교만하고 우치하게 무명을 따라 생사의 바다에 들어갔나이다. 이런 죄악이 무량무변한 것을 오늘 참회하고 소멸하기를 원하나이다.

무시이래로 오늘에 이르도록 오역죄五逆罪*를 지으며, 십악업十惡業*으로 고통을 받을 원인을 지었고, 축생의 인因과 아귀의 인과 인간·천상에서 모든 생로병사의 인을 지었으므로 육도의 무량한 괴로움을 받게 되었나이다. 이러한 죄악이 무량무변한 것을 오늘 참회하고 소멸하기를 바라며 저희들은 거듭 정성을 다하여 간절히 뉘우치나이다.

무시이래로 오늘에 이르도록 삼독의 뿌리로 삼계를 돌아다니며 가는 곳마다 죄악의 업풍을 따르면서 스스로 깨닫지 못하나이다.

그러므로 다른 이가 계행을 지니고 정과 혜를 닦고 공덕을 쌓으며 수행하는 것을 장애하고, 보리심을 장애하고 보리원을 장애하고 보리행을 장애한 것을, 오늘 참회하여 소멸하기를 원하나이다.

무시이래로 오늘에 이르도록 탐욕과 성냄으로 육식을 일으키고 육진을 따르면서 많은 죄를 지었는데, 혹은 여러 가지 중생에게 지었으며 혹은 무루無漏의 사람에게 지었고, 혹은 무루의 법에 대해 지었으니, 이렇게 탐욕과 성냄으로 지은 죄악을 오늘 참회하여 소멸하기를 원하나이다. 또, 어리석은 마음으로 전도된 행을 일으키되, 삿된 스승을 믿고 삿된 말을 믿어서 단멸斷滅*에 집착하고 항상恒常*한 데 집착하며, 나를 집착하고 소견에 집착하여 무량한 죄를 지었으며, 이러한 인연으로 보리심과 보리원과 보리행을 장애한 허물을, 오늘 참회하여 소멸하기를 발원하나이다.

무시이래로 오늘에 이르도록 몸으로 짓는 세 가지 악업과 입으로 짓는 네 가지 악업과 뜻으로 짓는 세 가지 악업으로써 비롯함이 없는 무명과 모든 번뇌장煩惱障들이 무량무변하여 보리심과 보리원과 보리행을 장애한 것을, 오늘 참회하여 멸제하기를 원하면서 저희들이 거듭 일심으로 발원하나이다.

무시이래로 오늘에 이르도록 자비심과 희사심을 닦지 못하고, 보시바라밀을 닦지 못하고, 지계바라밀을 닦지 못하고, 인욕바라밀을 닦지 못하고, 정진바라밀을 닦지 못하고, 선禪바라밀을 닦지 못하고, 지혜바라밀을 닦지 못하여, 지혜가 없어서 방편을 모르고, 보리심과 보리원과 보리행을 장애한 것을, 오늘 참회하면서 멸제하기를 원하여 저희들이 거듭 간절하게 발원하나이다.

무시이래로 오늘에 이르기까지 삼계에 윤회하고 육도에 두루 돌아다니면서 사생의 몸을 받되, 남자도 되고 여자도 되고 비남비녀非男非女도 되어 모든 곳에 두루 한량없는 죄를 지을 적에, 살생한 죄가 무량무변하여 보리심과 보리원과 보리행을 장애한 것들을, 오늘 참회하여 소멸되기를 발원하나이다.

의식이 있은 후부터 오늘에 이르도록 여섯 갈래

로 다니면서 사생의 몸을 받되, 그 중간에서 지은 죄악이 무궁무진합니다. 이러한 죄를 오늘 지극한 정성으로 참회하오니, 시방의 부처님께서 대자대비하신 마음으로 저희들의 참회를 받아주시며, 저희들의 보리를 장애하는 온갖 죄를 씻어주시어 청정케 하소서.

원컨대, 시방의 모든 부처님의 부사의한 힘과 본래 서원하신 힘과 중생을 제도하시는 힘과 중생을 감싸주시는 힘으로, 저희들이 보리심을 발하고 보리행을 성취하여 다시는 퇴전치 않게 하시며, 저희들의 서원이 모든 보살의 서원과 같게 하여 깨달음을 증득케 하소서.

원컨대 시방의 모든 불·보살님께서는 자비하신 마음으로 가피하시고 섭수하시어 저희들과 모든 중생들이 다 깨달음을 원만히 성취하여 부처님과 같게 하소서.

찬讚

삼보께 귀의하고 의심을 끊었으며
삿된 뜻을 꺾어버리고 현문玄門에 들어가니
인과因果가 분명하네.
참회한 깊은 공덕
여러 부처님의 은혜 망극합니다.
나무 환희지보살마하살歡喜地菩薩摩訶薩〔3〕

출참出懺

천상과 인간의 정변지正偏知*이시니
광명이 일월보다 밝고

공덕은 허공보다 넓으시네.

가지도 않고 오지도 않으사

은은히 화장세계에 항상 계시며,

나지도 않고 멸하지도 않으사

거룩하게 열반성에 앉으시었네.

중생을 응하여 몸을 나타내시고

근기根器*를 따라 나아가시니

그지없는 자비를 베푸시어

이 발원을 살피옵소서.

이제까지 참회하는 저희들

자비도량참법을 수행하여 제1권이 끝나니

원만한 공덕으로

부처님을 찬탄하며

지은바 공덕을 3처에 회향하니

자비하신 삼보와 호법하는 제천과

상중하단의 신중神衆과

멀리 있고 가까이 있는 영령들이시여,

이 정성 살피고 환희하는 마음 내어

천상·인간에 은혜 머물고

이승과 저승을 교화하여

이 도량에 가득히 공덕을 드리우소서.

원컨대, 지금 참회하고 발원하는 저희들이 일생의 죄업을 영원히 소멸하여 모든 업연이 청정하게 되고, 일심으로 깨달아 진여의 이치로 향하며, 한 생각에 회광반조回光返照*하여 일승의 도리에 나아가며, 괴로움을 돌려 낙을 이루고, 치성한 번뇌를 씻어 청량하게 하며, 돌아가신 부모는 극락세계에 왕생하고 온 집안의 권속들이 백년을 향수하며, 원수와 친한 이가 고루 은혜를

입고 범부와 성인이 다 같이 보소寶所에 이르게

하소서.

찬讚

참회하고 발원한 공덕으로

저희들과 망령들의 업장이 소멸되고

보살의 환희지歡喜地*를 증득하여

참문을 외우는 곳에

원결을 풀고 복이 더하여

도리천에 왕생하였다가

용화회상에서 다시 만나

미륵부처님의 수기를 받게 하소서.

나무 용화회보살마하살龍華會菩薩摩訶薩〔3〕

거찬 擧讚

자비참법 제1권을 모두 마치고

사은四恩*과 삼유三有*에 회향하오니

참회를 구하는 저희들은 수복이 증장하고

망령들은 정토에 왕생하게 하소서.

환희지보살은 어여삐 여기사 거두어 주소서.

나무 등운로보살마하살 登雲路菩薩摩訶薩 〔3〕

*백팔배송을 하시고자 하는 불자님께서는 뒤 367쪽을
  참고하시기 바랍니다.

자비도량참법 제2권

찬讚

꽃과 과일, 차와 의복 등 갖가지 공양을

문수 · 보현보살님께 공양하니

이 정성 살피어 거두어 주소서.

또한 청의동자青衣童子가 받들어

미륵보살님께 올리네.

나무 보공양보살마하살普供養菩薩摩訶薩 〔3〕

인공人空과 법공法空*을 얻고

복엄福嚴과 혜엄慧嚴*을 증득하여

진제眞諦와 속제俗諦*의 이치를 밝혔으니

생사의 허망한 인연 마치었으리.

천룡팔부가 따라 다니고

여러 영혼들 도와주도다.

가슴에는 만卍자요, 발바닥에는 꽃무늬

부처님의 공덕 헤아릴 수 없어

찬양해도 끝이 없나니,

본래의 서원 어기지 말고 중생을 두루 이롭도록

백 가지 보배로운 연화대蓮花臺를 펴시고

이 자리를 살피옵소서.

지금 참회하고 발원하는 저희들은

자비도량참법을 건설하고

이제 둘째 권의 연기를 당하여

삼업을 맑히고 육근을 깨끗이 하여

시방의 성인을 봉청奉請하고

모든 부처님의 가피력과 본원력으로

감로의 샘물을 뿌려 몸과 마음과 뜻을

청정히 하려 하나이다.

생각건대,

저희들은 오랜 겁부터 금생에 이르도록

이장二障*에 얽히어 생사가 계속되고

이공二空을 깨닫지 못하여

좋아하고 싫어하는 분별심을 일으키며

두 가지 삿된 소견으로

고락의 길에서 헤매나이다.

무명 한 번 일어남에

음·살·도·망姪殺盜妄이 새록새록 옮아가고

번뇌가 날로 더하여

신身·구口·의意 삼업으로

겹겹이 죄를 지었나이다.

지성으로 참법을 닦아 허물을 씻고자

정성을 다하오니

부처님, 가피를 드리우사 어여삐 여기시옵소서.

4. 발보리심發菩提心

동업대중이여, 마음의 때를 씻어버리고 십악의 중죄를 깨끗이 하여 쌓인 악업이 없어지고 결과 속이 모두 정결하여졌으니, 다음은 보살행을 배워 바른 도를 수행하면 공덕과 지혜가 증장하리라. 바라건대 대중들이여, 각각 뜻을 가다듬어 세월을 허송하지 말고 밤낮으로 힘써 정진하여 보리심을 낼지니라. 보리심은 곧 불심佛心이니, 공덕과 지혜가 한량없느니라. 설사 여러 겁 동안 무량한 복을 닦고 선행을 했더라도 보리심을 발한 공덕의 만분의 일도 미치지 못하며 산수

算數와 비유로도 다하지 못하느니라.

또, 어떤 사람이 복덕만 짓고 보리심을 발하지 않으면, 마치 밭을 갈고도 종자를 심지 않은 것과 같나니, 이미 싹이 없는데 어디서 열매를 구하리요. 그러니 모름지기 보리심을 발하여 위로는 부처님의 은혜를 갚고 아래로는 모든 중생을 제도할지니라.

그러므로 부처님이 여러 천자天子를 찬탄하시기를 "착하고 착하도다. 그대의 말과 같아서 모든 중생을 이익하게 하려면 보리심을 발할 것이니, 이것이 여래에 대한 으뜸가는 공양이니라."고 하였느니라.

보리심은 한 번만 발할 것이 아니고 자주자주 발하여 보리심이 끊이지 않게 해야 하느니라.

부처님이 세상에 출현하실 때만 기다릴 것이

아니라, 선지식을 만날 때마다 보리심을 발할 것이며, 오직 진실하게 대승을 앙모하고 불법을 탐구하며 경전을 의지할 것이니라.

보리심을 발할 때는 먼저 친한 이부터 반연할 것이니, 자기의 부모와 스승과 권속을 생각하고, 지옥·아귀·축생을 생각하고, 천인과 선신들을 생각하고, 인간세계의 모든 사람들을 생각하되, 고통 받는 이가 있으면 반드시 구원할 마음을 발해야 하나니, 오직 큰마음이 있고서야 저들의 괴로움을 구제하리라. 한 생각이 생기면 두 생각을 짓고, 점점 생각이 많아지고 커져서 남섬부주에 가득하면 점점 넓어져서 시방세계에 가득할 것이며, 우주법계의 일체 생명은 나의 가족이고 형제라 생각하여 다른 이가 고통을 받거든 힘써 그의 괴로움을 구제할 것이며, 그가 괴로움에서 벗어나면 그에게 설법하되 부처님을 찬탄하고 법을 찬탄하고 보살들을 찬탄하여 환희심을 내며, 그가 낙을 받는 것을 보거든 내가 받는 것과 같이 생각할지니라.

동업대중이여, 이와 같이 중생을 제도할지니, 다 같이 간절한 마음으로 발원하기를 "저희들이 오늘부터 깨달음에 이를 때까지 나는 곳마다 항상 선지식을 만나서 보리심을 내는 발원이 끊이지 않으리라."고 서원을 세울지니라.

거듭 시방의 한없는 삼보님께 발원하나이다. 저희들이 오늘 시방의 일체 삼보전에 보리심을 발하오니, 오늘부터 깨달음에 이르도록 보살의 도를 행하여 퇴전하지 않겠으며, 항상 중생을 제도하려는 마음을 짓고, 항상 중생을 안립하려는 마음을 짓고, 항상 중생을 보호하려는 마음을 짓되, 중생이 부처를 이루지 못하면 맹세코 먼저 정각을 취하지 않겠나이다. 원컨대 시방의 모든 부처님과 여러 대보살과 모든 성현께서는 저희를 위하여 증명하사 저희들의 모든 행원을 다 성취하게 하소서.

설사 여러 겁 동안 갖가지 선업을 짓더라도 인천의 과보는 얻을지언정 출세간出世間의 참된 과보는 얻지 못하고, 목숨을 마치고 복이 다하면 다시 나쁜 갈래에 떨어져서 몸이 다하도록 고통을 면치 못할 것이며, 큰 서원을 세우며 광대한 마음을 발하지 않으면 온갖 복으로 장엄하여도 모든 고뇌를 여의지 못할 것이니라.

마음을 가다듬어 한결같은 마음과 뜻으로 부처님을 생각하고, 견고한 마음을 일으켜 보리심을 발하면 그 공덕은 헤아릴 수 없을 것이니, 어찌 지극한 정성으로 힘을 다하지 않으리요.

대집경에 말하기를, "백 년 동안 캄캄했던 방이라도 한 등불로 밝힐 수 있나니, 그러므로 잠깐 동안의 발심을 가벼이 여겨 노력을 게을리 하지 말라."고 하였다.

우리 서로 일심으로 시방의 모든 삼보를 마음으로 생각하고, "저희가 지금 시방의 모든 부처님과 법보와 보살과 성현 앞에 곧은 마음과 바른 생각으로 발심하되, 방일하지 않는 마음과 편안히 머무는 마음과 선을 좋아하는 마음과 모든 중생을 제도하려는 마음과 모든 중생을 보호하려는 마음과 부처님과 같은 마음을 일으키고 보리심을 발하나이다."라고 할지니라.

저희들이 오늘부터 깨달음에 이를 때까지 오직

대승의 마음과 부처님의 지혜를 구하는 마음과 아뇩다라삼먁삼보리를 성취하려는 마음을 발하오니, 원하옵건대 시방의 모든 부처님과 대보살과 일체 성인께서는 본원력으로 저희를 위하여 증명하시며, 자비력으로 가피하여 섭수하사, 저희들이 오늘 발심한 것이 견고하여 세세생생에 물러나지 않게 하여 이 마음과 서원을 부처님의 마음과 같고 부처님의 서원과 같게 하소서.

거듭 지성으로 삼보께 정례하나니, 저희들이 오늘부터 성불할 때까지 정법을 버리지 않고 일체의 법이 공한 줄을 알아서 시방의 모든 중생을 다 제도하겠나이다.

지극한 정성으로 발원하나이다. 저희들은 나만을 위해 보리를 구하지 않고 일체 중생을 제도하기 위해 위없는 보리를 구하겠나이다.

오늘부터 성불할 때까지 맹세코 무량무변한 모든 중생을 위해 대자비심을 일으키겠으며, 미래의 중생에게 삼악도의 중죄와 육취六趣의 액난이 있거든, 그 미래가 다하기까지 저희들이 모든 고통을 피하지 않고 몸으로 구호하여 안락한 곳을 얻게 하겠사오니, 시방의 한없는 모든 부처님은 굽어 살피소서.

바라옵건대 대자비의 힘으로 저희를 위하여 증명하시되, 저희들이 오늘부터 보리심을 발하고 보살도를 행하여 나는 곳마다 서원을 성취하며, 가는 곳마다 모든 업장을 해탈케 하소서. 저희들이 자신을 위하여 위없는 깨달음을 구하지 않고, 시방의 일체 중생을 제도하기 위하여 위없는 깨달음을 얻으려 하나이다. 오늘부터 성불할 때까지 어떤 중생이 어리석고 캄캄하여 정법을 알지 못하고 여러 가지 다른 소견을 일으키거나, 어떤 중생이 비록 도를 닦으나 법상法相*을 알지 못하면, 이런 중생에게는 미래가 다하도록 저희들이 부처님의 힘과 법보의 힘과 성현의 힘과 갖가지 방편으로 지도하여 부처님의 지혜에 들어가서 일체종지一切種智를 성취케 하겠나이다.

지극한 정성으로 다 같이 일심으로 시방의 무한한 모든 부처님께 귀의하오니, 여러 부처님과 보살님께서는 대자대비하신 힘과 큰 지혜의 힘과 부사의한 힘과 한없이 자재한 힘과 사마四魔*를 항복받는 힘과 오개五蓋*를 끊고 번뇌를 멸하는 힘과, 한량없이 업진業塵*을 청정케 하고 관지觀智*를 개발하는 힘과 한량없이 무루혜無漏慧*를 개발하고 무량무변한 신통력과, 한량없는 중생을 제도하고 보호하는 힘과 한량없는 중생을 편안케 하는 힘과 한량없는 고뇌를 끊어버리는 힘과, 한량없는 지옥을 해탈하는 힘과 한량없는 아귀를 제도하는 힘과, 한량없이 축생을 구제하는 힘과 한량없이 아수라를 교화하는 힘과 한량없이 인간을 섭수하는 힘과 한량없이 천상과 신선의 번뇌를 없애는 힘과, 십지十地를 구족하고 정토를 구족하는 힘과 도량을 구족하는 힘과, 깨달음의 공덕을 구족하고 깨달음의 지혜를 구족하는 힘과, 법신을 구족하고 위없는 깨달음을 구족하고 대열반을 구족하는 힘과, 무량무진한 공덕력과 지혜력으로 가피하소서.

원컨대, 시방의 무한한 모든 부처님과 보살님이시여, 이렇게 무량무변하게 자재하고 부사의한 힘을 모두 베푸시어, 시방세계의 모든 사생육도의 중생과 오늘 함께 발심하는 중생들이 정진한 공덕력을 성취케 하시며, 깨달음을 얻으려는 원력을 성취케 하시며, 깨달음에 이르기 위한 실천의 힘을 성취케 하소서.

오늘날 시방에 숨어 있거나 드러나거나, 원수거나 친한 이나, 원수도 아니고 친하지도 않은 이나, 사생육도의 인연 있거나 없거나 간의 모든 중생들이 미래제가 다하도록 이 발원으로써 영원히 청정하게 하며, 나는 곳마다 소원을 성취하여 견고한 마음이 물러나지 않게 하며, 여래와 같이 정각을 이루게 하며, 내지 후세의 모든 중생들이 대원해大願海에 들어와서 공덕과 지혜를 구족하며, 여러 보살과 함께 십지행을 원만히 성취하고 부처님의 지혜를 구족하며 위없는 깨달음을 얻어 구경에는 해탈케 하소서.

5. 발원發願

동업대중이여, 모두 대보리심을 발하고 환희용약하며, 다시 또 큰 서원을 발하기 위하여 다같이 정성을 모아서 세간의 대자대비하신 부처님께 발원하옵나니 부사의한 힘으로 가피하시고 보호하시어 저희들이 세운 서원을 모두 성취케 하시며, 나는 곳마다 위없는 깨달음을 얻어 정각을 성취케 하소서.

　저희들이 오늘부터 세세생생에 나는 곳마다 항상 보리심 발한 것을 기억하고 상속하여 끊어지지 않게 하소서.

　저희들이 오늘부터 세세생생에 나는 곳마다

항상 무량무변하신 부처님께 공양하려 하오니,
모든 공양거리가 만족하게 하소서.

저희들이 오늘부터 세세생생에 나는 곳마다
항상 시방의 무량무변한 보살님을 만날 때에
모든 공양거리가 만족하게 하소서.

저희들이 오늘부터 세세생생에 나는 곳마다
항상 시방의 무량무변한 현성을 만날 때에 모든
공양거리가 만족하게 하소서.

저희들이 오늘부터 세세생생에 나는 곳마다
항상 깊은 은혜를 보답할 때에 이바지할 것이
뜻과 같이 만족하게 하소서.

저희들이 오늘부터 세세생생에 나는 곳마다
항상 대덕스님들을 만날 때에 공양할 것이 뜻과
같이 만족하게 하소서.

저희들이 오늘부터 세세생생에 나는 곳마다

항상 국력이 강대한 나라를 만나서 나라와 더불어 삼보를 흥성케 하여 끊이지 않게 하소서.

저희들이 오늘부터 세세생생에 나는 곳마다 불국토를 장엄하여 삼도·팔난이라는 말까지 없게 하소서.

저희들이 오늘부터 세세생생에 나는 곳마다 불법을 자재하게 설하는 지혜와 육신통이 앞에 나타나서 모든 중생들을 교화하게 하소서.

시방의 다함없는 삼보님께 귀의하오니, 여러 부처님과 대보살과 일체 현성의 대자비력으로 저희들이 세운 서원이 나는 곳마다 마음대로 자재하게 하소서.

오늘부터 세세생생에 저희들이 나는 곳마다 다른 중생이 나를 보면 곧 해탈을 얻으며, 만일 지옥에 가면 모든 지옥이 극락세계로 변하고 모든 괴로움이 즐거움으로 변하며, 중생의 육근이 청정하고 몸과 마음이 안락하여 삼선천三禪天*과 같으며, 모든 의심을 끊고 번뇌가 없어지게 하소서.

오늘부터 세세생생에 저희들이 나는 곳마다 어떤 중생이든 나의 음성만 들어도 마음이 편안하여 죄업을 소멸하고 다라니를 얻으며, 해탈삼매로 무생법인無生法忍을 구족하고 큰 변재를 얻어 법운지法雲地*에 올라서 정각을 이루게 하소서.

오늘부터 세세생생에 저희들이 나는 곳마다 모든 중생들이 나의 이름만 들어도 모두 환희하여 미증유未曾有*를 얻으며, 삼악도에 가게 되면 모든 고통을 끊어버리고 천상이나 인간에 나게 되면 번뇌가 끊어져 간 곳마다 자재하여 해탈하게 하소서.

저희들은 오늘부터 세세생생에 나는 곳마다 모든 중생에게 주는 마음과 빼앗는 마음이 없고, 원수라는 생각과 친하다는 생각이 없으며, 삼독을 끊어 '나다 내 것이다' 하는 생각이 없으며, 큰 법을 믿어 평등하게 자비를 행하며, 일체가 화합하여 거룩한 대중과 같게 하소서.

저희들은 오늘부터 세세생생에 나는 곳마다 모든 중생에게 항상 평등하며, 헐뜯고 칭찬하는 데 흔들리지 않고 원수와 친하다는 생각을 내지 않으며, 깊고 넓은 마음으로 부처님의 지혜를 배우며, 중생을 외아들 같이 생각하며, 십주十住*의 업을 만족하여 유무有無를 떠나서 항상 중도中道를 행하게 하소서. 불보살님께서는 증명하소서.

시방의 무한한 삼보님께 귀의하오니, 원컨대 저희들이 참회하고 발원하는 공덕으로 사생육도의 중생들이 오늘부터 보리를 이룰 때까지 보살도를 행하는데 고달픔이 없으며, 재물보시와 법보시를 한량없이 행하며, 지혜와 방편으로 짓는 일이 헛되지 않고, 근기와 병에 맞추어 법과 약을 베풀며, 보고 듣는 모든 이들이 함께 해탈을 얻게 하소서.

원하옵나니 오늘부터 보리에 이르도록 보살도를 행하되 망설임이 없고, 이르는 곳마다 큰 불사를 지어 도량을 건립하되 마음이 자재하고 법에 자재하며, 모든 삼매에 다 들어가서 다라니의 문을 열어 불도 수행의 결과를 나타내 보이며, 법운지에 있으면서 감로비를 내려 중생들의 악인惡因을 소멸하고 청정한 법신의 과보를 얻게 하소서.

저희들이 오늘날 세운 여러 가지 서원이 시방세

계의 큰 보살들이 세운 서원과 같으며, 시방세계 여러 부처님이 수행하실 때 세우신 대원과 같아서 광대하기가 법의 성품과 같고 구경究竟에는 허공과 같게 하소서. 저희들이 세운 서원을 성취하여 보리원을 만족하며, 모든 중생들도 세운 서원을 성취하기를 원하오니, 시방의 모든 부처님과 일체 존법과 일체 현성께서 자비하신 힘으로 저희를 위하여 증명하소서.

원컨대, 모든 하늘, 모든 선신, 모든 용신들도 삼보를 옹호하는 자비와 선근의 힘으로 증명하여 저희의 모든 행원을 이루게 하소서.

6. 발회향심發廻向心

이미 보리심을 발하고 큰 서원을 발하였으니,

다시 회향심을 발하여 지극한 정성으로 다 같이 간절하게 세간의 대자대비하신 부처님께 귀의하고 발원하오니 자비하신 힘으로 저희를 위하여 증명하소서. 저희들이 소원하는 것은 과거에 일으킨 모든 선업과 현재에 일으키는 모든 선업과 미래에 일으킬 모든 선업이 많거나 적거나 가볍거나 무겁거나 간에 그 모두를 사생육도의 모든 중생에게 베풀어, 그 중생들이 다 보리심을 내어 이승二乘이나 삼유에 회향하지 않고 다 무상보리에 회향하며, 또 일체 중생이 과거와 현재와 미래에 일으킨 선업을 각각 회향하되, 이승이나 삼유에 회향하지 않고 무상보리에 회향하게 하소서.

우리 서로 보리심을 발하였고 대서원과 회향심을 발하였으니, 광대하기는 법의 성품과 같고 구경에는 허공과 같도록 과거·현재·미래의 모든 부처님과 큰 보살과 현성께서 증명하소서.

거듭 지성으로 삼보께 정례하옵나니, 저희들이 발심하고 발원하는 일을 마치고 환희용약하여 다시 지극한 마음으로 국가원수와 부모와 스승과 여러 겁 동안에 만난 친척과 모든 권속과 선지식 악지식과, 하늘과 신선과 호세사천왕과 착한 일을 주장하고 악한 일을 벌주는 이와, 경과 주문을 수호하는 이와 오방용왕과 용신팔부와 모든 천신과 지신과, 과거·현재·미래의 원수와 친한 이와 원수도 친하지도 않은 이와 사생육도의 일체 중생을 위해 세간의 대자대비하신 부처님께 발원한 이 서원 모두가 이루어지게 하소서.

찬불축원讚佛祝願

대성이신 세존이시여,

거룩하시나이다.

신통과 지혜 통달하시어 성인들 중에 왕이시며

형상이 육도에 두루하시고

당체가 시방에 가득하시니,

정상에는 육계肉髻*가 있고

목에는 일광이 나셨네.

얼굴이 보름달 같으사

훌륭한 금으로 장엄하시고

위의는 빼어나시며 행동이 정중하시니,

위엄이 대천세계에 진동하여

모든 마군이 물러가나이다.

삼달지三達智*를 환히 통하니

삿된 무리들 종적을 감추며

악을 보고 반드시 구하시니

괴로움에서 건지시는 일 양식이 되고

저 언덕에 이르기 위해 배를 저으시네.

그러므로 여래·응공·정변지·명행족·선서·세간해·무상사·조어장부·천인사·불세존如來十號*이라 하시나니, 한량없는 중생들을 제도하여 고해에서 구출하시나이다.

이렇게 발심한 공덕의 인연으로 국가의 원수元帥와 문무백관들이 이 도량에 이르러 몸을 잊고 불법 위하기는 상제보살과 같고, 대자비로 죄업을 멸하기는 허공장보살과 같고, 법을 듣기는 유리광보살과 같고, 법난法難을 해결하기는 무구장보살과 같게 하소서.

또 원컨대, 저희들을 낳아준 부모와 여러 겁의

친척들도 이 도량에 이르러 형상을 허공에 흩기는 무변신보살과 같고, 공덕 구족하기는 고귀덕왕보살과 같고, 법문을 듣고 환희하기는 무외보살과 같고, 신통력과 용맹은 대세지보살과 같게 하소서.

저희와 인연있는 일체 중생 모두가 이 도량에 이르러 무외無畏를 얻기는 사자왕과 같고, 메아리같이 교화하기는 보적보살과 같고, 음성을 듣고 고통에서 건지기는 관세음보살과 같고, 법문 묻기는 대가섭과 같게 하소서.

원하오니 출가나 재가의 믿음 깊은 신도와 선지식·악지식과 모든 권속들도 이 도량에 이르러 액난을 구하기는 구탈보살과 같고, 용모가 단정하기는 문수보살과 같고, 업장을 버리기는 기음개보살과 같고, 최후의 공양 베풀기는 순타와 같게 하소서.

또 원컨대, 하늘들과 신선들과 호세사천왕과 총명하고 정직한 천지 허공과, 선한 일을 주장하고 악한 일을 벌주는 이와, 주문을 수호하는 이와 오방용왕과 용신팔부와, 깊은 곳에 숨은 귀신과 드러난 귀신과 그들의 권속들도 이 도량에 이르러 큰 자비로 감싸주기는 미륵보살과 같고, 정진하여 법을 보호하기는 불휴식보살과 같고, 멀리서 경 읽는 일을 증명하기는 보현보살과 같고, 법을 위하여 분신焚身하기는 약왕보살과 같게 하소서.

시방의 모든 원수와 친한 이와, 원수도 친하지도 않은 이와, 사생육도의 모든 중생과 그 권속들이 이 도량에 이르러 마음에 애착이 없기는 이의녀離意女와 같고, 미묘하게 설법하기는 승만부인과 같고, 정진을 잘하기는 석가모니불과 같고, 훌륭한 서원 세우기는 무량수불과 같고, 위신을 갖추기는 여러 천왕과 같고, 불가사의하기는 유마힐과 같아서 일체 공덕을 각각 성취하고 무량한 불토를 모두 장엄하게 하소서.

바라옵건대, 시방의 다함없는 무량무변한 부처님과 대보살과 일체 현성께서는 자비하신 마음으로 가피하고 섭수하시며, 서원이 원만하고 신심이 견고하여 덕업이 날마다 만족하고, 사생을 양육하기를 외아들 같이 하여 모든 중생이 사무량심과 십선정을 얻어, 생각을 따라 부처님 뵈옵기는 승만부인과 같아서, 모든 행원을 끝까지 성취하여 여래와 함께 정각에 오르게 하소서.

출참 出懺

만 가지 덕으로 장엄하신 몸, 도솔천에서 떠나지 않고 정반왕궁에 내리시어 온갖 복으로 상호를 이루신 어진 이, 보리수에서 일어나지 않고 도리천에 오르시었네. 바라옵건대, 부처님께서는 자비로 굽어 살피사 고해에서 헤매는 무리를 건져 주시고, 원만한 법안法眼으로 간절한 저희들의 소원 이루어 주소서.

이제까지 발원하는 저희들
자비도량참법을 수행하며 제2권이 끝나니,
공덕은 점점 완비하오며
단내壇內의 청정한 대중이
참회에 나고 들면서 법답게 도를 행하고

향을 사르고 꽃을 흩으며

경을 외우고 주문을 지니나이다.

제2권의 공덕으로 두 때의 회향을 짓사오니

일진법계—眞法界[*]의 부처님과 부처님 가르침과

스님들과

삼계 중의 천선天仙과 지신과 수부水府,

모두 환희한 마음으로 이 지극한 정성 살피시며

외아들처럼 어여삐 여기시어

복덕과 지혜 원만케 하소서.

　지은 공덕으로 지금 발원하는 저희들의 삼업을

깨끗이 씻고 복과 지혜 증장하며, 일체의 장애가

소멸하니, 인공人空과 법공法空이 청정하며, 뒤바

뀐 마음 머물지 않아 선정과 지혜로 장엄하며,

불이법문不二法門에 들어가 항상 참된 이치를 증득

하고, 사은과 삼유와 법계의 원친들이 아공과 법공을 얻어 무생법인을 증득하며, 지혜가 원명하고 원행이 원만하여 법해에서 자유자재하고 살바야薩婆若*의 과지果地에서 항상 즐겁게 하소서.

　정성을 다하여 발원하였으나 부족할까 두려워 거듭 발원하오니 이 서원이 모두 이루어지게 하여지이다.

찬讚

정성을 다하는 제2권의 공덕으로
저희들과 망령들의 두 말한 죄가 소멸되고
보살의 이구지離垢地*를 증득하며
발원하는 곳에 연꽃이 만발하여
원결을 풀고 복이 더함에

도리천에 왕생하였다가 용화회상에서 다시 만나
미륵 부처님의 수기를 받게 하소서.

나무 용화회보살마하살龍華會菩薩摩訶薩 〔3〕

거찬擧讚

자비참법 제2권 모두 마치고

사은과 삼유에 회향하오니

발원하는 저희들은 수복이 증장하고

망령들은 정토에 왕생하게 하소서.

이구지보살은 어여삐 여기사 거두어 주소서.

나무 등운로보살마하살登雲路菩薩摩訶薩 〔3〕

* 백팔배송을 하시고자 하는 불자님께서는 뒤 367쪽을
  참고하시기 바랍니다.

자비도량참법 제3권

찬讚

삼아승지阿僧祇* 과보가 원만하여

우담바라화優曇鉢羅華*는 이승에 피고

세 종류의 화신으로

부사의한 가르침을 연설하며

세 가지 수레로 인도하여

삼계의 중생을 제도하고

세 가지 관觀이 둥글고 밝아

삼천세계를 교화하시네.

지금 참회하는 저희들

자비도량참법을 건설하고

이제 제3권의 연기를 당하여 예경하고

정성 다하여 부처님께 발원하나이다.

향적세계의 음식과 꽃과 과일 공양하오니,

대자대비를 드리워

다생의 죄업 소멸하게 하소서.

생각건대, 저희들은

비롯함이 없는 옛부터 지금까지

삼독이 마음을 가려

삼계三界*에 오르내리는 업을 짓고

삼공三空*을 깨닫지 못하여

삼악도의 괴로운 인因을 지었나이다.

세 가지 번뇌로 삼업이 깊으니 티끌마다 막히고

듣고 보고 닦는 일 알지 못하니

생각마다 반연이라,

누에가 고치를 짓듯이 자승자박하고

나비가 불에 덤비듯 몸을 태울 뿐입니다.

이제 몸과 마음이 고통임을 알고

업을 지어 받는 과보 피할 길 없어

발로참회發露懺悔하고

진여眞如로 향하고자 합니다.

부처님의 광명으로 어두운 갈래 비쳐주시어

삼악의 중생들 삼천세계의 부처님께 발원하오니

부처님의 공덕과 넓은 자비로

가피를 드리워

중생의 소원 이루어주소서.

7. 현과보顯果報

동업대중이여, 앞에서 이미 죄의 허물을 말하였
나니, 좋지 못한 업으로 삼악도에 떨어져 여러

갈래로 헤매다가 인간에 태어나서도 고통을 받는 것은 모두 과거의 악연 때문이라, 이 몸 버리고 다른 몸 받아도 잠깐도 쉬지 않느니라.

삼계 안에 있는 모든 중생들이 복이 다하면 업 따라 괴로운 곳에 떨어지나니, 무색계에서는 선정을 즐기다가 목숨을 마치면 욕계에 떨어지는데 복이 다하면 금수의 몸을 받으며, 색계의 천인들도 역시 그와 같이 청정한 곳으로부터 욕계에 떨어져 부정한 곳에서 욕락을 받으며, 육욕천에서 복이 다하면 지옥에 떨어져 무량한 고통을 받느니라.

인간들은 십선의 힘으로 사람이 되었는데, 사람의 몸에도 많은 고통이 있고 수명이 다하면 다른 갈래에 떨어지며, 축생들도 갖가지 고통을 받는데, 채찍을 맞으며 무거운 짐을 싣고 먼

길을 가기도 하며, 등과 목을 뚫느라 뜨거운 쇠로 지지기도 한다.

아귀들은 항상 기갈이 심한 고통을 받는데, 선한 인이 없으면 벗어나지 못하고, 조그만 복으로 사람의 몸을 받게 되어도 병이 많고 단명하느니라.

대중들은 마땅히 알지니, 선과 악의 두 가지 과보가 바퀴 돌듯이 잠시도 쉬지 않고 지은 대로 받는 것이라, 원인 없이 과보를 받는 일은 없느니라.

그러므로 경에 말하기를

"호화로운 사람과 귀인과 국왕과 장자는

삼보를 예경하고 공양 올린 선과善果며,

부귀한 사람은 보시한 선과며,

장수한 사람은 계행이 깨끗한 선과며,

단정한 사람은 인욕한 선과며,

근면하여 게으르지 않은 사람은 정진한 연고며,

재주 있고 총명하여 모든 일을 많이 아는 사람은
지혜를 닦은 결과며,

목소리가 아름다운 사람은 삼보를 찬탄한 연고요,

몸이 깨끗하고 병이 없는 사람은 자비한 마음에
서 오는 것이니라.

얼굴이 잘 생기고 키가 큰 사람은 모든 사람을
공경한 연고며,

키가 작고 변변치 못한 사람은 남을 멸시한 연고며,

누추하고 못난 사람은 성내기를 좋아한 연고며,

나면서부터 바보는 공부하지 않은 연고며,

어리석은 사람은 남을 가르치지 않은 연고며,

벙어리가 된 사람은 남을 훼방한 연고며,

남의 심부름꾼이 된 사람은 빚을 갚지 않은 연고며,

얼굴이 못생기고 피부가 검은 사람은 부처님의

광명을 가린 연고며,

짐승의 무리에 나는 것은 남을 놀라게 한 연고며,

용의 무리에 나는 것은 조롱하기를 좋아한 연고며,

몸에 부스럼이 있는 이는 중생을 때린 연고며,

사람들이 존중하며 따르는 것은 전생에 사람을

존중한 연고니라.

법문할 때 못 듣게 방해하면 귀가 처진 개가

되고, 법문을 듣고도 마음에 두지 않고 흘려버리

면 귀가 긴 나귀가 되고,

탐욕이 많아 혼자만 먹으면 아귀에 나며, 설사

사람이 되어도 빈궁하여 굶주리고,

나쁜 음식을 사람에게 먹이면 뒤에 돼지나 말똥

구리로 태어나고,

남의 것을 겁탈하면 뒤에 축생의 무리에 태어나

서 사람들이 가죽을 벗기어 살을 먹고,

훔치기를 좋아한 사람은 뒤에 소나 말로 태어나서 사람에게서 혹사를 당하느니라.

거짓말을 하여 남의 악한 일을 퍼뜨린 사람은 죽어 지옥에 들어가 구리물을 입에 붓고 혀를 빼내어 보섭으로 갈며, 죄를 마치고 나면 구욕새가 되는데, 사람들이 그 소리를 들으면 모두 놀라며 변괴라고 하여 주문을 외워 죽게 하며,

술 먹고 취하기를 좋아하면 뒤에 오물지옥에 들어가며, 죄를 마치고 나오면 성성猩猩이가 되고, 성성이의 죄업이 끝나서 사람이 되면 완악하고 무지하여 인간답지 못하며,

남의 힘을 탐내는 이는 뒤에 코끼리가 되며, 부귀한 사람으로 남의 우두머리가 되어 아랫사람들을 때리고 천대하면, 이런 사람은 죽어 지옥에 들어가서 수천만 년 고통을 받고, 지옥에서 나오면

물소가 되는데 코를 꿰어 수레를 끌게 하며 몽둥이로 때려서 예전의 빚을 갚게 하느니라.

부정한 사람은 돼지로 태어나고, 간탐하는 마음이 많아 남의 사정을 모르는 사람은 개로 태어나며, 체면을 불구하고 제멋대로 하여 남을 괴롭히는 사람은 양으로 태어나고, 경망하여 참을성이 없는 사람은 원숭이로 태어나며, 독한 사람은 뱀으로 태어나고, 자비심이 없는 사람은 호랑이로 태어난다."고 하였느니라.

삼악도가 있게 된 것은 탐욕과 성냄과 어리석은 삼독이 있는 탓인데, 이 세 가지 악이 항상 치성하여 입으로 악을 말하고 마음으로 악을 생각하고 몸으로 악을 행하느니라. 이 여섯 가지 일이 사람으로 하여금 항상 쉴 새 없이 고뇌하게 하며, 목숨을 마치면 외로운 넋이 되어 홀로 가게 되나 부모와 자손도 구할 수가 없느니라. 잠깐 동안에 염라부에 가면 옥졸들은 존비귀천尊卑貴賤을 불문하고 문서에 기록된 대로 생시에 지은 선악을 심문하나니, 혼백은 사실대로 인정할 뿐 조금도 숨기지 못하느니라.

이런 인연으로 업을 따라 괴롭거나 즐거운 곳으로 가게 되나니, 아득하고 캄캄하여 떠난 지는 오래나 가는 길이 달라서 다시 만날 기약이 없느니라.

또 여러 천신들은 선과 악을 기록하되 털끝만큼도 어긋나지 않나니, 선한 사람은 선행의 결과로 복을 받고 장수하며, 악한 사람은 악을 지었으므로 명은 짧고 고통이 오래 가는데, 이렇게 헤매다가 아귀에 들어가고 아귀에서 나오면 축생에 들어가서 참기 어려운 죄보를 끝없이 받으니 스스로 깨닫고 참괴한 마음을 낼지니라.

경에 말하기를, "작은 선을 가벼이 여겨 복이 없다고 하지 말라. 물방울이 비록 적으나 고이면 큰 그릇에 차나니, 작은 선을 가볍게 여기면 성인이 되지 못하느니라. 또한 작은 악을 가벼이 여겨 죄가 없다고 하지 말라. 작은 악이 쌓이면 몸을 잃을 수 있다."고 하였느니라.

길흉과 화복이 모두 마음으로 짓는 것이니 인因을 짓지 않으면 과보도 없느니라. 재앙이 쌓이면 죄가 큰 것을 육안으로는 보지 못하지만 부처님의 말씀을 누가 감히 의심하랴.

우리들이 이 세상에 강건하게 태어났으니 부지

런히 배우며 선을 행하여 좋은 인因을 지어야 할지언정, 경의 말씀대로 그 죄를 알았으니 어찌 악을 버리고 선을 따르지 않으리오.

금생에 만일 마음을 가다듬지 않으면 목숨이 다한 뒤에 지옥에 떨어지리니, 그 까닭을 말하리라. 누구나 죄를 지을 적에는 맹렬하게 독기를 품고 분노를 갖게 되나니, 어떤 이를 미워하면 반드시 죽이려 하고, 어떤 이를 질투하면 그의 잘하는 것도 보기 싫어하며, 어떤 이를 훼방하면 큰 고통을 주어 끝까지 아프게 하는데 존비尊卑를 가리지 않고, 욕설하고 꾸짖는데 고하高下를 돌아보지 않느니라. 처음에는 복을 많이 지으려 하다가 나중에는 조금밖에 짓지 못하며, 부지런히 하다가도 금방 그만 두느니라.

마음이 간절하지 못하여 세월을 미루나니, 이

렇게 망설이다가 필경에는 잊어버리며, 죄를 지을 때는 기운이 억세고 복을 지을 때는 생각이 나약하나니라. 이렇게 선근이 약하니 죄업의 억센 과보를 어떻게 면할 수 있겠는가.

경에 말하기를, "참회하면 모든 죄를 다 멸한다."고 하였으니, 참회할 때는 모름지기 스스로 고하여 낱낱이 할 것이며, 죄업을 소멸하기 위해서는 신명을 아끼지 말지니라.

금생에 몇 번이나 이렇게 간절히 자책하였으며, 신명을 아끼지 않고 뼈아프게 참으면서 참회를 하였는가. 잠깐 동안 정진하다가 문득 게으른 생각을 내고, 잠시 기도하다가 기운이 없다 하고, 잠깐 좌선하다가 곧 쉬어야 한다고 하며, 혹은 사지를 너무 과로하지 말아야 한다면서 다리를 뻗고 잠들면 죽은 거와 같으니, 어느 사이에 다시 예배하고 좌선하며 기도하는 등 하기 어려운 일을 하겠는가.

오늘날 다행히 사람의 몸을 얻었으나 마음은 도리를 등졌으니, 그것은 아침부터 저녁까지 저녁부터 새벽까지, 내지 일념의 순간이라도 삼보와 사제四諦*를 생각한 적이 없고, 부모의 은혜와 스승의 은혜를 생각한 적이 없으며, 보시·지계·인욕·정진할 것을 생각한 적이 없고, 선정을 배우며 지혜를 닦을 생각을 한 적이 없기 때문에 청백한 법은 하나도 없고 번뇌와 업장만 눈앞에 가득하지 않은가. 이런 자신을 살펴보지는 않고 "나는 지은 공덕이 많다."고 하고, 조그만 선이라도 있으면 "나는 이런 일을 잘하는데 다른 이는 못한다."고 하면서, 의기양양하여 방약무인傍若無人하나니, 이것이야말로 진실로 부끄러운 일이니라. 이제 대중 앞에서 모든 죄를 참회하고 장래에는 장애 없기를 원한다면, 보시하고 환희하여 스스로 몸과 마음을 씻으라. 과보가 위에 말한 바와 같나니 어찌 스스로 관계가 없다 하겠는가.

대중은 그런 죄가 없노라 함부로 말하지 말라. 조그만 잘못도 큰 허물이 되느니라. 잠깐 동안의 원한으로 진심瞋心이 일어나 습관이 되면 고치기 어려우니, 마음과 뜻을 멋대로 하지 말라. 참으면 번뇌가 소멸되거니와 방일하면 구제할 수 없느니라.

우리들이 오늘날 부처님의 자비력과 대보살들의 서원력을 받들어 죄와 과보를 말하였나니, 마땅히 지옥을 교화한 경전을 일심으로 들으라. "이와 같이 내가 들었다. 어느 때 부처님께서

왕사성의 기사굴산에 보살 마하살과 성문 권속들과 함께 계시니, 비구·비구니·우바새·우바이와 하늘과 용과 귀신 등이 모두 와서 모였다.

그때 신상보살이 부처님께 여쭈었다.

'세존이시여, 지금 지옥·아귀·축생들이 빈부귀천과 종류가 각각 다르지만, 어느 중생이나 부처님의 법문을 듣고자 하옵나니 말씀하여 주옵소서.'

그때 세존께서 미간의 백호상으로 광명을 놓아 시방의 무량한 세계를 비추시니, 지옥은 고통을 쉬어 안락하게 되며, 죄보를 받던 중생들은 이 광명을 보고 부처님께 예배하고 설법을 청하니, 세존께서 교화를 베풀어 중생으로 하여금 해탈을 얻게 하셨느니라."

오늘, 저희들이 지성으로 부처님께 법을 청함

도 그와 같아서, 여러 중생들과 함께 해탈을 얻으려고 지극한 정성으로 다 같이 간절하게 부처님께 청하오니, 바라건대 자비하신 힘으로 중생들이 안락을 얻게 하소서.

거듭 시방의 삼보님께 귀의하나니, 대자대비하신 마음으로 고통 받는 모든 중생들을 구제하여 해탈하게 하시며, 나쁜 버릇을 고치고 선행을 닦아 다시는 삼악도에 떨어지지 않고 몸과 입과 뜻이 깨끗하여 다른 이의 악한 것을 생각지 않게 하며, 모든 죄업을 여의고 청정한 업을 얻어 일체의 삿된 마음이 일어나지 않고 항상 자비희사를 행하여 용맹하게 정진하여 모든 덕의 근본을 심는 일이 한량없으며, 이 몸을 버리고 다른 몸을 받을 때 복된 나라에 나며, 삼악도의 괴로움을 생각하여 보리심을 내어 수행하기를 쉬지 않으

며, 육바라밀과 자비희사가 항상 앞에 나타나고
삼명三明*과 육통이 마음대로 자재하며, 부처님
의 경계에 출입하고 유희하여 보살들과 더불어
정각을 이루게 하소서.

두려운 마음과 자비한 마음을 내어 일심으로
자세히 들으라.

"그때 세존이 미간의 백호상으로 광명을 놓아
육도의 모든 중생에게 비추었다. 그때 신상보살
이 중생들을 어여삐 여겨 자리에서 일어나 부처
님 앞에 나아가 호궤 합장하고 여쭈었다.

'세존이시여, 어떤 중생이 여러 옥졸들에게 온
몸이 맞고 찢기는 등의 고통으로 죽으면 다시
살리고 또 베는, 이런 고통을 쉴 새 없이 받는데
무슨 죄보로 그러합니까?'

부처님이 말씀하시되,

'이런 중생은 전세에 삼보를 믿지 않고 공양할 줄을 모르며, 부모에게 효도하지 않고, 악한 마음을 내어 백정노릇을 하면서 중생을 살해하였으므로 이런 죄를 받느니라.'고 하셨다.

'어떤 중생은 온몸이 마비되어 눈썹과 수염이 빠지고 몸이 부르트고 새와 짐승들이 와서 덥비며, 친척들이 인적이 없는 곳에 내다버리고 돌보지 않으니, 이런 나병환자는 무슨 죄보로 이러합니까?'

부처님이 말씀하셨다.

'그들은 전세에 삼보를 믿지 않고 부모에게 불효하며, 탑과 절을 헐어버리고 수행자를 학대하며, 성현을 죽이고 스승을 살상하되 뉘우치는 마음이 전혀 없이 배은망덕한 짐승 같은 행동으로 윗사람을 더럽히며, 친소를 가리지 않고 부끄

러운 생각이 없었으므로 이런 죄보를 받느니라.'

'어떤 중생은 몸이 길고 귀와 발이 없으며, 꿈틀거려 배로 기어 다니면서 흙을 먹고 살며, 작은 벌레들에게 먹히면서 쉴 새 없이 고통을 받나니 무슨 죄보입니까?'

부처님이 말씀하셨다.

'전세에 모든 일을 제 마음대로 하고 좋은 말을 믿지 않으며, 부모에게 불효하고 반역을 행하기도 하고, 혹 재산과 권력을 믿고 백성들을 독촉하며 학대하고 남의 재산을 빼앗아 못살게 하였으므로 이런 죄를 받느니라.'

'어떤 중생은 두 눈이 멀어서 앞을 보지 못하므로 나무에 부딪치기도 하고 구덩이에 떨어지나 건져주는 사람이 없이 허덕이며 고통이 이어지는데 무슨 죄보입니까?'

부처님이 말씀하시되,

'전세에 죄와 복을 믿지 않고 부처님의 광명을 막았으며, 남의 눈을 멀게 하고 가두었으며, 가죽부대를 머리에 씌워 보지 못하게 하였으므로 이런 죄보를 받느니라.'고 하셨다."

동업대중이여, 경의 말씀이 두렵지 않은가? 우리도 이런 죄를 지었을 것인데 무명에 가려 알지 못하고, 이러한 죄로 인하여 오는 세상에 괴로운 과보를 받을 것이니라.

오늘 지성으로 다 같이 간절하게 참괴하여 뉘우치오니, 이미 지은 죄는 참회하여 소멸하고 이제부터는 청정하기를 시방 부처님께 발원하나이다.

대자대비로 구호하여 모든 중생들로 하여금 해탈을 얻게 하시며, 모든 중생들이 지옥·아귀·축생의 업보를 소멸케 하시며, 필경에는 나쁜 과보를 받지 않게 하시며, 삼악도의 괴로움을 버리고 편안하고 안락한 지위에 이르게 하시며, 큰 광명으로 모든 어둠을 없애고 깊고 미묘한 법을 분별하여 위없는 보리를 구족하고 등정각等正覺을 이루게 하소서.

다시 신상보살이 부처님께 여쭈었다.

"세존이시여, 어떤 중생이 벙어리거나 말더듬이로 설사 말을 하더라도 말소리가 분명치 못한 것은 무슨 죄보입니까?"

부처님이 말씀하셨다.

"전세에 삼보를 비방하여 성인의 도를 훼방하고, 남의 잘잘못을 비난하여 옳고 그름을 시비하고, 착한 이를 무고하며 어진 이를 질투한 인연으로 그런 죄보를 받느니라."

"어떤 중생이 배는 큰데 목이 가늘어 먹은 것이

소화되지 않으며 먹더라도 고름으로 변하는 것은 무슨 죄보입니까?"

부처님이 말씀하셨다.

"전세에 대중이 먹을 것을 훔쳐 먹었거나, 큰 법회에 설비하는 음식을 몰래 훔쳐서 혼자 먹었으며, 제 것은 아끼고 남의 것을 탐내며, 나쁜 마음으로 사람에게 독약을 먹여 기운이 통하지 못하게 하였으므로 그런 죄보를 받느니라."

"어떤 중생은 조금만 마음에 들지 않아도 금방 화로 가득하여 인상이 험악해지며 눈앞에 보이는 아무하고나 다투고 성내어 얼굴이 울그락 불그락 하는 것은 무슨 죄보입니까?"

부처님이 말씀하셨다.

"그는 전세에 중생을 가볍게 여기고 하찮게 여기며 남의 말을 함부로 하며 상대방의 말을 무시하고 학대한 그런 악업으로 이 죄보를 받느 니라."고 하셨느니라.

동업대중이여, 경의 말씀이 매우 두렵도다. 우리도 어느 갈래에서 이런 악업을 지었는지 알 수 없고, 어느 때에 혹독한 과보를 받을지 모르며, 오늘은 평안하나 내일을 기약할 수 없나 니, 과보가 닥치면 벗어날 수 없느니라. 우리들 은 이 뜻을 각오하여 바르고 곧은 마음으로 다 같이 간절하게 사생육도의 모든 중생들로서 현 재 고통을 받는 이와 장차 고통을 받을 이를 위하여 대자대비하신 부처님과 시방의 다함없 는 삼보님께 귀의하오니, 부처님과 보살님이시 여, 대자대비로 모든 중생들을 구호하시고 중생 들이 괴로운 곳에 떨어지지 않게 하시며, 청정한 갈래의 국토에 태어나서 공덕을 구족하고, 이 몸을 버리고 다른 몸을 받을 때마다 부처님을 만나서 여러 보살과 함께 정각에 오르게 하소서.

다시 마음을 가다듬고 귀를 기울여 들으라. 신상보살이 부처님께 여쭈었다.

"어떤 중생은 항상 설산에 있는데, 찬바람에 살이 터져 죽지도 못하고 살지도 못하는 고통으로 참을 수가 없나니 무슨 죄보입니까?"

"어떤 중생은 항상 몸에 병이 생겨 수술을 수없이 하지만 병이 몸에서 떠나지 않아 고통을 견딜 수 없으니 무슨 죄보로 그러합니까?"

부처님이 말씀하셨다.

"그것은 전생에 백정이 되어 축생의 가죽을 벗기고 골육을 잘라서 높이 매달아 팔기도 하였고, 혹은 산 채로 팔아 그 고통을 견딜 수 없게 하였으므로 그런 죄보를 받느니라."

"어떤 중생은 이목구비가 불구인데 이는 무슨 죄로 그러합니까?"

부처님이 답하시기를,

"전세에 날아다니는 중생을 살해하고 활을 쏘아 새와 짐승을 잡고 잡은 짐승을 여러 가지 방법으로 살상하였으므로 그런 죄보를 받느니라."고 하였다.

동업대중이여, 경의 말씀이 두려우니, 다 같이 지극한 정성으로 시방의 일체 중생 가운데 지금 고통을 받는 이와 장차 고통 받을 이를 위하여 세간의 대자대비하신 부처님과 시방의 다함없는 삼보님께 귀의하오니, 바라건대 대자대비로 시방세계의 모든 중생을 구제하시어 현재 괴로움을 받는 이는 곧 해탈케 하시고, 내세에 괴로움을 받을 이는 나쁜 갈래에 떨어지지 않게 하시며,

오늘부터 도량에 이르도록 갖가지 업장과 두려움을 소멸하여 공덕과 지혜가 구족하며, 모든 중생들을 거두어서 다 함께 위없는 보리에 회향하여 등정각을 이루게 하소서.

"어떤 중생은 어리석고 우둔하며 발광하고 숙맥이어서 좋고 나쁜 것을 분별하지 못하니 무슨 죄보로 그러하나이까?"

부처님이 말씀하셨다.

"전세에 술을 먹고 만취하여 많은 실수를 범하였고 후에는 바보가 되어 높고 낮음을 분별하지 못한 그런 악업으로 죄보를 받느니라."

동업대중이여, 부처님의 말씀하신 것이 대단히 두려우니, 서로서로 지극한 마음으로 다 같이 현재 고통 받는 중생과 장래에 고통 받을 중생을 위하며, 내지 육도에서 고통을 받게 되는 중생들을 위하고, 부모와 스승과 시주 단월과 선지식과 악지식 등, 시방의 일체 중생을 위하여 세간의 대자대비하신 부처님과 시방의 다함없는 삼보님께 귀의하오니, 저희가 오늘 부처님의 힘과 법보의 힘과 보살의 힘을 받아서 일체 중생을 위하여 간절히 참회합니다. 이미 괴로움을 받은 이는 부처님과 보살의 대자대비한 힘으로 곧 해탈케 하시며, 아직 괴로움을 받지 않은 이는 오늘부터 도량에 이르도록 다시 나쁜 갈래에 떨어지지 말며, 팔난八難을 여의고 모든 선근을 얻어 평등을 성취하고 지혜를 구족하여 청정하고 자재하게 여래와 함께 정각에 오르게 하소서.

동업대중이여, 마땅히 마음을 가다듬고 귀를 기울여 자세히 들으라.

신상보살이 다시 부처님께 여쭈었다.

"세존이시여, 어떤 중생이 형상이 매우 누추한데, 두 볼은 울퉁불퉁하고 얼굴은 여드름투성이며, 코는 납작하고 두 눈은 벌겋고, 이빨은 엉성하고 입에서는 악취가 나고, 난쟁이 수중다리이며, 배는 크고 허리는 가늘고, 팔다리는 뒤틀리고 곱사등에 갈비는 퉁겨지고, 먹음새가 거칠고 조갈이 심하며, 옴장이·등창병에 종기에서는 고름이 흐르고 퉁퉁 부어, 온갖 나쁜 것이 한 몸에 모여 남에게 의지하려 하나 받아주지 않으며, 다른 이가 지은 죄에 걸려들어 영원히 부처님을 보지 못하고 법을 듣지 못하고 보살을 알지 못하며, 성현을 알지 못하여 괴로운 고통이 쉴 새가 없으니 무슨 죄입니까?" 하니,

부처님이 말씀하시되,

"전생에 아들로서 부모에게 불효하고 신하로

서 임금께 불충하며, 윗사람으로 아랫사람을 사랑하지 않고 아랫사람이 되어 윗사람을 공경하지 않으며, 벗들에게는 신의가 없고 이웃에게는 의리를 지키지 않으며, 조정의 벼슬을 옳게 하지 않고 마음이 삐뚤어져 군신君臣을 살해하고 윗사람을 경멸하며, 나라를 쳐서 백성을 빼앗고 부락을 침략하여 도적질을 하고 재물을 겁탈하는 등의 악업이 무량하고, 잘난 체하며 남을 미워하고 외롭고 늙은 사람을 업신여기며, 착한 이를 비방하고 스승을 경멸하며, 하천한 이를 속이는 등, 온갖 악업을 골고루 범한 중생은 이런 죄를 받느니라."고 하셨다.

이때 세존께서 죄보를 받는 중생들에게 게송으로 말씀하셨다.

흐르는 물은 항상 가득하지 않고
맹렬한 불도 늘 타는 것 아니며
해는 떴다가 어느덧 지고,
보름달도 찼다가는 기우는 것
부귀와 영화의 덧없음은 이보다 더하니
마땅히 부지런히 정진하고
부처님께 예배하여라.

그때 세존이 이 게송을 말씀하시자, 모든 죄인들이 슬픈 마음으로 부처님께 여쭈었다.
"모든 중생들이 어떤 선행을 실행해야 이런 고통을 면하오리까?" 하니,
부처님께서 말씀하시되,
"선남자여, 부모에게 효도하고 스승을 공경하며 삼보에 귀의하여 부지런히 보시·지계·인

욕·정진·선정·지혜를 닦아 자비희사慈悲喜捨
하고, 원수와 친한 이를 차별하지 않으며, 외롭
고 늙은 사람을 업신여기지 않고 빈천한 이를
가벼이 여기지 않아 다른 이를 내 몸과 같이
여길지니라. 너희들이 이렇게 수행하면 이것이
곧 부처님의 은혜를 갚는 것이요, 다시 고통을
받지 않는 길이니라."

　부처님이 설법을 마치시니, 보살마하살들은
아뇩다라삼먁삼보리를 얻었으며, 그밖의 대중
들은 법안이 청정함을 얻어 고통에서 쉬어 편안
하니라.

　동업대중이여, 오늘부터 자비한 마음을 내어
보살도를 행하며, 육도에서 고통을 받는 일체
중생을 위하여 한결같은 마음으로 예참禮懺하여
다 해탈을 얻게 할지니라. 우리들이 방편을 부지

런히 행하여 화근을 돌이켜 복을 삼지 않으면 낱낱이 모든 죄를 다 받게 되느니라.

그러므로 지극한 마음으로 부모와 스승과 친척과 권속들이 미래에 고통을 받을 것을 생각하고, 또한 자신이 미래와 현재에 이런 고통을 받게 될 것을 생각하여 지극한 정성으로 일념에 시방의 부처님께 참회로써 무량한 고통을 끊어버리고, 육도 중에서 이미 고통을 받는 중생들이 부처님의 힘과 법보의 힘과 성현의 힘으로 해탈을 얻게 하며, 육도 중에서 아직 고통을 받지 않은 중생도 부처님의 힘과 법의 힘과 성현의 힘으로 다시는 고통에서 헤매이지 않게 하며 마음대로 왕생하여 두려움을 멸하고 자재·해탈하며, 부지런히 도업道業을 닦아 법운지를 넘고 금강심에 들어가 등정각을 이룰지니라.

또한 우리들이 비롯함이 없는 오랜 옛날부터 오늘까지 무량한 죄를 지었을 것이니, 이것은 모두 자비심이 없어서 내가 강하다고 약한 이를 업신여기고 상해하며, 남의 것을 훔치고, 도리를 모르고 착한 이를 비방하는 등, 여러 가지 죄를 지은 탓이니, 그 죄보로 반드시 악도에 태어나 육도 중에서 이미 고통을 받는 이와 장차 고통 받을 이를 위하여 예참하고, 또한 부모와 모든 권속들과 나 자신을 위하여 예참하고 발원하나니, 이미 지은 죄는 소멸되고 다시는 죄를 짓지 않기를 대자대비하신 부처님께 발원하나이다.

원컨대 대자대비로 육도에서 현재에 괴로움을 받거나 장차 괴로움을 받을 모든 중생을 구하여 해탈하게 하시며, 신통력으로 악도와 지옥의 업을 끊어서 고통 받는 몸을 버리고 금강 같은 몸을 얻어 사무량심을 얻고 육바라밀을 수행하여 사무애변재와 육신통이 뜻과 같이 자재하며, 쉬지 않고 용맹 정진해서 십지의 행이 원만하여 일체 중생을 제도하게 하소서.

찬讚

허물을 훈습한 과보가 형상을 따르니
이 몸 버리고 마땅히 받을 것
선과 악을 정성으로 발로發露하오니
아득하고 캄캄합니다.
부처님, 광명을 비춰 주소서.
나무 발광지보살마하살發光地菩薩摩訶薩〔3〕

출참 出懺

부처님의 상호 높고 큰 자금산 같으며

법의 바다 맑고 고운 해와 은하수의 달 같네.

보살과 성현은 인간과 천상의 공양 받으며

벽지불·아라한이

이 세계 저 세계에서 법을 설하니

삼천대천세계의 밝은 등불이요,

백억의 어두운 거리 비추는 환한 달이라.

이제까지 참회하는 저희들

자비도량참법을 수행하여 제3권이 끝나니

공덕은 점점 원만하고

삼매를 행하는 사람이

과거, 현재, 미래에 출입하고

삼보전에 귀의하여

한결같은 마음으로

육법공양과 갖가지 공양을 올려 회향하오니

극락세계의 아미타불과 사바교주 석가모니불과

관세음보살 지장보살

아라한들 성문대중과

천상과 명부와 삼계의 여러 현성들

환희심으로 이 공덕 살피시고

자비심으로 중생을 구호하소서.

참회하는 저희들,

삼업이 청정하여

삼악도의 업보를 벗고 불법 문중에 태어나

나와 남이 함께 깨닫는 공덕 이루게 하소서.

참법대로 행하였으나 정성이 부족할까 두려워

거듭 참회를 구하옵니다.

찬讚

자비참법 3권의 공덕으로

저희들과 망령이 지은 삼독의 죄를 소멸하고,

보살의 발광지發光地*를 습득하여,

참문을 외우는 곳에 죄의 꽃이 스러지며,

원결을 풀고 복이 더하여

도리천에 왕생하였다가 용화회상에서 다시 만나

미륵 부처님의 수기를 받게 하소서.

나무 용화회보살마하살龍華會菩薩摩訶薩〔3〕

거찬擧讚

자비참법 제3권 모두 마치고

사은과 삼유에 회향하오니

참회를 구하는 저희들은 수복이 증장하고

망령들은 정토에 왕생하게 하소서.

발광지보살은 어여삐 여겨

저희 뜻 거두어 주소서.

나무 등운로보살마하살登雲路菩薩摩訶薩〔3〕

＊백팔배송을 하시고자 하는 불자님께서는 뒤 367쪽을
  참고하시기 바랍니다.

자비도량참법 제4권

찬讚

기타祇陀숲 동산의 풍요로운 과일과

향기로운 차를

바라문婆羅門*들이 연화대 위에 올리네.

나무 보공양보살마하살普供養菩薩摩訶薩〔3〕

들사오니,

오안五眼*을 갖추신 부처님께서

광명어린 묘색신 나투시고

오승五乘*의 가르침을 열어 반야의 경전을 펴시니

오십오위〔55位〕 성현은 깨달음이 원만하고

오근五根과 오력五力[*]의 보살이 해탈한 인연이라,

귀의하면 복전福田이 증장하고

예경하면 죄악이 소멸되며

감동하면 통하나니

자비한 광명으로 참회와 발원하는 일을 증명하

소서.

지금 참회하고 발원하는 저희들

자비도량참법을 수행하오며

이제 제4권의 연기를 당하여

육법공양六法供養[*]을

불·보살과 성현께 올리고

크신 명호를 염하며 귀의하고 정성 드리나이다.

생각건대 저희들 무시이래無始以來로 지금까지

오온五蘊[*]의 몸을 잘못 알아 오탁악세를 헤매며

다섯 가지 욕락五欲[*]에 속박되고

다섯 가지 티끌에 미혹되었으며

오역죄를 없애지 못하여

좋아하고 싫어하는 생각이 일어나고

다섯 가지 법 깨닫지 못하여

번뇌의 망정妄情이 증장하나이다.

인연이 어기지 않으니

업과業果를 피하기 어렵도다.

이제 이 대중이 간절한 정성으로

해탈문을 제각기 열고

가르침에 귀의하여 허물을 씻나이다.

부처님의 넓은 자비

우러러 사모하오니 가피를 드리우소서.

부처님의 몸매 유리 같이 청정하시고

부처님의 얼굴 보름달처럼 단정하시며

부처님께서 중생의 괴로움을 구제하심에

부처님의 마음 간 곳마다 자비하시네.

8. 해원석결解寃釋結 ①

모든 중생에게는 다 원한의 대상이 있느니라. 만일 원한의 대상이 없으면 악도惡道가 없을 텐데, 악도가 쉬지 않고 항상 끓는 것은 원한의 대상이 끝이 없기 때문이니라.

경에 말씀하기를, "일체 중생이 모두 마음이 있고, 마음이 있는 것은 다 부처가 될 수 있건만, 중생들의 생각이 전도顚倒되어 세간에만 탐착하고 벗어날 줄을 모르며, 고통의 근본을 세워 원수를 기르나니, 그러므로 삼계에 윤회하고 육도에 왕래하면서 잠깐도 쉬지 못한다."고 하였느니라.

어찌하여 그러한가. 일체 중생이 무시이래로 무명에 덮이고 애욕에 빠져 삼독을 일으키며, 몸과 입과 뜻을 의지하여 십악을 일으키나니, 몸으로는 살생·도둑질·삿된 음행과, 입으로는 필요없는 말·꾸민말·이간질·악담과, 뜻으로는 탐욕·성냄·어리석음으로 스스로 십악을 행하고, 다른 이도 십악을 행하게 하면서 몸·입·뜻으로 40종류의 악을 일으키고 또 육정六情을 의지하여 육진六塵을 탐착하며, 내지 팔만사천 진로문塵勞門을 열어 놓느니라. 일념 동안에 갖가지 악을 행하여 팔만사천의 진로문을 열거늘, 하물며 하루에 일으키는 여러 죄와 일생 동안 일으키는 갖가지 죄야 오죽하겠는가.

이러한 죄악이 무량무변하여 원한의 대상이 서로 만나 그칠 때가 없건만, 중생들이 어리석은 탓으로 무명은 지혜를 덮고 번뇌로 마음이 전도되어 경의 말씀을 믿지 않으며, 부처님의 말씀을 따르지 않아 참회로 원결을 풀어갈 줄 모르고 해탈하기를 바라지 않으므로 오랜 세월 동안 무량한 고통을 받느니라.

만약 업보가 끝나 다시 사람이 된다 하더라도 이런 악인惡因을 고칠 줄 모르나니, 그러므로 '모든 성현들이 대자대비한 마음을 일으키는 것은 이 같은 원한의 대상이 되는 중생을 위함이다.'라고 하였다.

저희들이 서로 보리심을 발하고 보살도를 행하오니, 보살마하살께서는 괴로움을 구원하는 것으로 양식을 삼고 원결을 푸는 것으로 수행을 삼으며, 중생을 버리지 않고 깨달음을 이룰 때까지 참고 기다리는 자비심으로 근본을 삼으소서.

저희들도 오늘 그와 같이 용맹심을 일으키고 자비심을 내며, 도량의 기를 세우고 감로의 북을 치며, 지혜의 활과 견고한 화살로 사생육도와 삼세의 원수와 부모와 스승과 육친과 권속을 위하여 맺어진 원결을 모두 풀어버리며 다시 원결을 맺지 않으리니, 바라옵건대, 모든 부처님과 큰 보살들께서는 자비력과 본원력本願力과 신통력으로 가피하시고 섭수하시어 삼세의 무량한 원결이 오늘부터 보리에 이를 때까지 다 풀리어 모든 괴로움을 끊게 하소서.

서로 지극한 마음으로 삼세 원수와 부모와 사장과 일체 권속을 위하여 다함없는 삼보님께 귀의하옵나니, 이와 같은 삼세의 모든 원결로 인하여 지금 육도 중에서 원한의 대상을 만난 이는 부처님과 법과 성현의 힘으로 이 중생들이 다 해탈을 얻게 하며, 만일 육도 중에서 대상을 만나거나 아직 만나지 않은 이는 부처님의 힘과 법의 힘과 성현의 힘으로 중생들이 다시 악취에 들어가지 않게 하고, 다시는 나쁜 마음으로 미주서지 않게 하며, 다시는 해독을 입히지 않고 원수라는 생각을 없게 하여 모든 허물을 소멸하고, 다 함께 화합하고 기뻐하여 수명이 무궁하며, 천당과 극락에 마음대로 왕생하여 옷을 생각하면 옷이 오고 음식을 생각하면 음식이 오며, 서로 싸우는 소리가 없고 사지四肢는 변동하는 침해가 없으며, 오정五情*은 티끌에 물들지 않아 모든 선한 일은 모여들고 만 가지 악한 것은 소멸되며, 대승심을 내어 보살행을 닦아 자비희사와 육바라밀을 모두 구족하며, 생사의 과보를 버리고 함께 정각을 이루게 하소서.

무엇이 원결짓는 일이며 고통의 근본인가. 눈으로 빛을 탐하고 귀로 소리를 탐하며, 코로 향기를 탐하고 혀로 맛을 탐하며, 몸으로 보드라움을 탐하며 오진五塵의 속박을 받기 때문에 오래도록 해탈하지 못하느니라.

모든 원한의 대상은 다 친한 데서 생기는 것이다. 만일 친하지 않으면 원수도 없을 것이니, 무슨 까닭인가. 서로가 멀리 떨어져 있으면 원한의 마음을 일으키지 않기 때문이니라.

탐·진·치 삼독으로 인하여 충돌이 생기고 충돌하므로 친척과 권속이 서로 원망하며, 혹 부모가 자식을 원망하고 자식이 부모를 원망하며, 형제와 자매도 모두 그러하여 서로 원망하고 혐의하며, 조금만 맞지 않아도 성을 내고, 재물을 친척들이 제각기 달라고 하여 주어도 항상 부족하게 생각하고, 백 번 달래서 백 번 주어도 은혜로 생각지 않으며, 한 번만 마음에 맞지 않으면 문득 분노를 일으키느니라. 이렇게 잠깐만 나쁜 생각을 품으면 더 나쁜 생각을 하게 되나니, 그러므로 원결을 맺어 대대로 끊어지지 않느니라. 삼세의 원수란 바로 다른 이가 아니라 모두가 가까이 있는 이들과 가족들이니, 이들이 곧 원수가 되는 줄을 알아야 하느니라.

그러므로 마땅히 허물을 뉘우치고 정성을 기울여 영식靈識이 있은 뒤부터 오늘까지 여러 생의 부모와 여러 겁의 친척과 육도 중에서 원결을 맺은 이와 원한의 대상이나 대상이 아니거나, 가볍거나 무겁거나, 지금 지옥에 있거나, 축생에 있거나, 아귀에 있거나, 아수라에 있거나, 인간에 있거나, 천상에 있거나, 신선 중에 있거나, 오늘 저희 권속 중에 있는 삼세의 원수와 그들의 권속들을 위하여, 오늘 저희들은 자비심으로 원수라든가 친한 사이라는 생각을 버리고, 부처님의 마음과 같이 부처님의 서원과 같이 그들을 위하여 삼보님께 발원하옵나니, 원컨대 불력과 법력과 깨달음의 지위가 높은 보살의 힘과 일체 성현의 힘으로써, 육도 중에서 원한의 대상이 된 부모 친척과 그 권속들이 모두 이 도량에 모여서 전세의 죄를 참회하고 원결을 풀며, 만일 몸이 장애되어 오지 못하는 이라도 삼보의 신통력으로 우리들의 이 발원과 참회를 받고 원한의 모든 대상들이 해탈을 얻게 하소서.

저희들이 영식이 있은 후부터 오늘에 이르기까지 여러 생의 부모와 여러 겁의 친척과 내외 권속들에게 대하여 욕심내고 성내고 어리석어

10악업을 일으키되, 혹은 알지 못하고 믿지 못하며, 수행하지 못하여 무명으로 인해 원한을 일으켜 원결을 맺게 된 이러한 죄가 무량무변하나니, 오늘의 참회와 발원으로 소멸하게 하소서.

무시이래로 오늘에 이르도록 성내고 욕심내고 어리석어서 갖가지의 죄를 지었나니, 이러한 무량무변한 죄악을 뉘우치고 참회하여 소멸되기를 발원하나이다.

무시이래로 오늘에 이르도록 오직 나만의 욕심을 채우기 위하여 원수될 만한 업을 지었으며, 권속들을 살해하는 따위의 죄업을 다 말할 수 없으며, 맺은 원수를 풀 기약이 없는 것을 오늘 부끄러이 여겨 발로참회하오니, 바라건대 부모 육친과 모든 권속들은 자비한 마음으로 저의 참회를 받고 일체의 원한을 풀어 버리기를 원하나이다.

 또한, 훔치고 사음하고 망어하며, 십악업과 오역죄를 지었고, 잘못된 생각으로 여러 경계를 반연하여 많은 죄를 지었으니, 혹 부모와 형제자매에게 지었고, 집안의 어른들에게 지었고, 내지 영식이 있은 후부터 오늘에 이르도록 육친 권속들에게 일으킨 이러한 죄와 괴로운 과보와 원한의 대상이 된 겁수劫數와 원결이 많고 적음을, 오직 시방의 여러 불·보살님들이 다 아십니다. 오는 세상에 받게 될 과보를 저희 제자들이 오늘 참괴하고 통탄하며 간절하게 지나간 잘못을 뉘우치고 다시는 죄를 짓지 않겠으니, 부모와 친척과 권속들이 부드러운 마음과 화평한 마음과 선善한 마음과 환희하는 마음과 수호하는 마음과 여래와 같은 마음으로 저희들의 참회를 받고 원수나 친하다는 생각이 없게 하소서.

바라건대 부모와 친척과 모든 권속들로서 원결을 맺고 있는 육도의 일체 중생이 다 함께 삼세의 원결을 다 소멸하고, 오늘부터 도량에 이르도록 영원히 삼악도와 네 갈래의 고통을 끊어버리고, 모두 화합하여 영원히 법문의 친척과 자비 권속이 되어 무량한 지혜를 닦아 일체 공덕을 구족하며, 용맹정진하여 보살도를 행하되 게으름이 없으며, 부처님의 마음과 같고 부처님의 서원과 같이 위없는 깨달음을 얻어서 최상의 행복을 누리게 하소서.

우리들이 이미 부모의 원결을 풀었으니, 다음은 스승의 원결을 풀어야 할 것이니라. 대성大聖으로부터 이하는 원만하지 못하나니, 여래께서 고언苦言을 하심은 악한 중생들이 도를 깨닫게 하려는 것이니라. 부처님의 위덕으로도 중생을 교화할 때 고언苦言을 하는데, 하물며 청정한 경계에 이르지 못한 범부야 어떠하겠는가. 지금 선과 악이 섞여서 흑백을 분별하기 어렵나니, 어찌 삼업의 실수가 없으리요. 만일 가르치는 말을 들을 때에는 스님의 은덕을 무한히 고맙게 생각하고 스스로 자책할지언정, 놀라거나 의심하여 나쁜 생각을 품지 말아야 하느니라.

지금 편안하다고 하더라도 나쁜 일이 없으리라고 단언할 수 없으며, 지금 악행을 지은 사람이라도 선한 일이 없다고 단언할 수 없느니라.

경에 이런 말이 있다. 부처님이 대중에게 말씀하시기를, "너희는 마땅히 스님의 은혜를 생각하라. 부모가 비록 낳아 기르고 가르친다 하나, 능히 삼악도를 여의게 하지는 못한다. 그러나

스님은 대자비로 권유하여 삼보의 가르침을 배우게 하나니, 이는 곧 생사의 괴로움을 떠나 행복의 길을 얻게 하는 것이니라."고 하셨다. 이 같은 은덕이 있으나 누가 능히 갚으리요. 설사 종신토록 수행을 행하더라도 나의 이익은 될지언정, 스님의 은혜를 갚는 것은 아니니라.

부처님의 말씀에 "천하의 선지식 중에 스승이 으뜸이니라."고 하셨느니라.

부처님의 말씀과 같이 이러한 스님의 은덕이 있건만 가르치는 말을 믿지도 않으며, 오히려 거치른 말로 비방하고 시비를 걸어 불법을 쇠퇴케 하나니, 이런 죄로야 어떻게 삼악도를 면할 수 있겠는가. 모든 죄보는 대신 받을 수가 없으며, 죽을 때에 낙은 가고 고통이 돌아와 정신이 참담하고 뜻이 혼미하여 육식이 총명하지 못하고 오근이 쇠망하여 가려 하여도 발을 움직일 수 없고 앉으려 하여도 몸이 자유롭지 못하며, 설사 법문을 들으려 하나 귀에 들리지 않고, 좋은 경치를 보려 하여도 눈에 보이지 않나니, 이런 때를 당하여 참회를 생각한들 무슨 소용이 있겠는가. 다만 지옥의 무량한 고통이 있을 뿐이니 이런 고통은 스스로 짓고 받는 것이니라.

경에 말하기를, "어리석어 제멋대로 하며 인과를 믿지 않고 스님을 비방하고 미워하며 질투하는, 이런 무리는 법 중의 큰 악마종자이니, 스스로 원결을 맺어 무궁한 죄보를 받느니라."고 하였다.

한 비구가 법문을 하는데, 불자가 교만을 품고 법문을 믿지 않고 말하기를, "우리 스님은 지혜는 없고 공허한 일만 찬탄하나니, 내생에는 만나고 싶지 않다."고 하면서, 법을 비법非法이라 말하고, 비법을 법이라 말하며, 계행을 잘못 해석한 연고로, 죽은 뒤에 쏜살같이 아비지옥에 들어가서 18억 겁을 지내면서 큰 고통을 받았느니라.

경의 말씀과 같이 스님에게 나쁜 말 한 마디 하고도 아비지옥에 떨어져 18억겁을 고생하는데, 하물며 오늘까지 스님에게 일으킨 악업이 무량하니 이 몸이 죽어서는 저 제자보다 나을 것이 없느니라.

스님들이 항상 교훈하여도 그대로 수행하지 않고 스승에 대하여 거역하는 일이 많았으며, 무엇을 주더라고 만족한 생각이 없고, 서로간에 비난과 불평으로 원망하기도 하여 삼세 중에 기쁨과 노여움이 한량없었으니, 이러한 죄가 말할 수 없이 많으니라.

경에 말하기를, "한 번 진심을 일으키면 원수가 한량이 없다."고 하였으니, 이런 원수는 육친에게만이 아니고 스님과 불자 간에도 많은 것이며, 한절에 다니면서 함께 지내는 도반에게도 그러하며, 인욕하는 것이 안락한 행인 줄을 모르며, 평등한 것이 보리인 줄을 모르며, 망상을 여의는 것이 평화에 이르는 길인 줄을 모르고, 스님과 불자가 함께 있으면서도 맺힌 업이 다하지 않아 서로 어긋나서 다투는 마음이 복잡하게 일어나 세세생생에 화합하지 못하느니라.

또, 함께하던 도반이 공덕을 쌓고 정진하여 공부의 힘이 생기어 중요한 소임이라도 맡게 되면 문득 진심을 품어 예전부터 그가 지혜를 익혀 온 것은 생각지 않고, 질투심과 망상심으로 높다 낮다는 생각을 내어 싸움을 일삼아 화합하지 못하고, 서로 혐의하여 삼독심으로 비방하며 충성심과 공경심이 없나니, 어떻게 자신이 부처님의 계율을 위반한 것을 생각하리요. 또 큰 소리와 거친 말로 서로 다투며, 스승의 교훈을 조금도 믿지 않고 아래위 사람과 각각 원한을 품으며 서로 시비를 하나니, 이 같이 악도와 원한의 대상이 많은 것은 스스로 시비하는 마음을 다스리지 못한 데서 생긴 것이니라. 또한 가까이 지내는 도반이나 형제자매가 재복이 늘어나며 화목한 집안으로 경사가 겹치게 되면 질투심과 망상심으로 없는 말을 지어내기도 하며 있는 말을 없다고 하여 시비를 하나니, 그러므로 경에 말하기를, "이 세상에서는 조금만 미워하여도 내생에는 점점 심하여 큰 원수가 된다."고 하였거늘, 하물며 종신토록 일으킨 악업이리요.

우리가 어느 때 어느 세상에서 스님이나 다른 인연들과 원결을 맺었는지 모르나니, 이러한 원결이 무궁무진하여 형상이 없는 대상인지라 기한도 없고 겁수劫數도 없으며, 고통을 받을 때는 참고 견딜 수 없느니라. 그러므로 보살마하살은 원수다 친하다는 마음을 버리며, 자비한 마음으로 평등하게 섭수하느니라. 우리가 오늘 보리심을 발하고 보리원을 세웠으니 마땅히 보살행을 하며, 사무량심과 육바라밀과 사홍서원과 사섭법을 부처님과 보살의 본행과 같이 하여 원친怨親이 평등함을 익히며, 오늘부터 보리에 이르도록 맹세코 일체 중생을 구호하여 구경의 일승一乘에 이르러야 하느니라.

지극한 마음으로 발원하나니 영식이 있은 이래로 여러 생에 출가한 스님 중에 원결이 있는 이와, 같은 형제자매와 이웃간에 원결이 있는 이와, 증명법사 중에 원결이 있는 이와, 함께 공부하는 상·중·하좌에 원결이 있는 이와, 인연이 있거나 없거나 간에 시방세계의 사생육도의 삼세 원결로 대상이 되거나 아니거나, 가볍거나 무겁거나 그러한 권속들과, 일체 중생 중에 원결이 있어 지금 그 대상이 되어 있거나 미래에 원결의 대상이 될 이를 위하여 오늘 참회하여 소멸되기를 바라오며, 다시는 나쁜 마음과 독한 생각으로 마주 서지 않게 하소서.

원컨대 육도의 일체 중생들이 모두 원결을 풀어버리고 한결같이 환희하며 서로 공경하여 은혜 갚을 것만 생각하게 하소서.

지극한 정성으로 시방의 다함없는 삼보님께 귀의하오니, 바라건대 부처님과 법과 지위가 높은 보살과 일체 성현의 힘으로, 원한의 대상이 되거나 되지 않거나 간에 삼세의 모든 중생들이 함께 참회하여 원결을 풀고 원수라든가 친하다는 생각이 없으며, 일체가 화합하여 보리에 이르도록 항상 법문의 친척이 되고 보살의 자비권속이 되게 하소서.

오늘 예배하고 참회하여 원결을 풀어버린 공덕으로 대덕 큰스님들과 함께 공부하는 불제자와 일체 권속의 원결이 있는 이들과 사생육도의 삼세 원결을 해탈하지 못한 이와, 금일 천상에 있거나 신선에 있거나, 아수라에 있거나 지옥에 있거나, 아귀에 있거나 축생에 있거나, 인간에 있는 이들과 현재 권속 중에 있는 이와 시방삼세의 원수로 대상이 되거나 아니거나, 모든 권속들이 보리에 이르도록 일체의 죄업이 다 소멸되어 모든 원결을 해탈하고 번뇌와 습기가 청정해져서 사취四趣를 하직하고 자재하게 태어나서 육바라밀을 구족하고 십지의 행원을 모두 구족하며, 부처님의 십력을 얻어 신통이 무애하며, 아뇩다라삼먁삼보리를 구족하여 등정각을 이루게 하소서.

앞에서는 통합하여 삼세의 원결을 풀었거니와, 이제부터는 신심을 내어 마음을 가다듬을지니, 우리가 오늘날 어찌하여 해탈하지 못하며, 나아가서 부처님을 대면하여 수기授記를 받지 못하고 깨달음을 성취하지 못하는가. 진실로 죄업이 깊고 원결이 견고한 탓으로 예전에 계셨던 부처님과 앞으로 오실 부처님과 보살 현성을 뵈옵지 못할 뿐 아니라 부처님께서 깨달으신 12분교分教*의 법문을 들을 길이 영원히 막힐까 두려우며, 이 몸을 버리고는 지옥에 빠져 고통이 끊임없이 이어지는 세계에서 나쁜 갈래를 두루 돌아다닐 것이니, 언제 사람의 몸을 다시 얻겠는가. 이런 생각을 하면 실로 눈물겹도록 슬프고 가슴 아프도다.

우리가 이미 불법을 만나 삼보께 귀의하여 깨달음을 증득하여 최상의 행복으로 가고자 불자가 되어 뜻은 세웠으나, 미처 애써 노력해 보기도 전에 홀연히 죽을병에 걸려 중음中陰이 나타나게 되면, 인정사정없이 소유하고 있던 모든 것을 채 놓기도 전에 정신이 산란하며, 권속들이 호곡하여도 깨닫지 못하리라. 이런 때를 당하여 예참을 구하며 선심을 일으키려 한들 어떻게 얻을 수 있겠는가. 오직 삼악도의 무량한 고초만 있을 뿐이니라.

우리 대중은 시간을 다투어 노력할지어다. 만약 망정에 맡기면 나아갈 길이 더디고, 수고를 참고 견디면 용맹한 마음이 빠르게 견고해지리라.

그러므로 경에 말씀하기를, "자비가 곧 도량이니 괴로움을 참는 까닭이며, 발심하고 행함이 곧 도량이니 도를 판단하는 까닭이니라."고 하였으니, 여러 가지 착한 일을 행하는 것도 부지런하지 않으면 이룰 수 없느니라.

만약 원하는 마음만 있고 일을 행하지 않으면 결과를 얻지 못하리니, 마치 양식이 떨어진 사람이 여러 가지 음식에 마음을 두어도 굶주림에는 도움이 되지 않는 것과 같느니라. 훌륭한 과보를 구하려면 마음과 일을 함께 행해야 하나니, 서로 간절하게 참회하여 죄를 멸하고 원결을 풀어버리라. 만약 다시 행하지 않으면 열릴 기약이 없나니, 다른 사람들이 평안을 찾아 행복한 것을 보고 후회하지 말라.

시방의 다함없는 삼보님께 귀의하오며 발원하나이다. 저희들이 깊은 죄업으로 무명에 가려서 삼독을 따라 원수를 지었으므로 삼계에 빠져 나올 기약이 없나이다.

오늘 모든 부처님과 보살의 자비하신 힘으로 깨우침을 얻어 부끄러운 마음을 내어 지성으로 앙모하고 발로참회하오니, 바라건대 모든 부처님과 보살이시여, 자비로 섭수하사 큰 지혜의 힘과 부사의한 힘과 한량없이 자재한 힘과 사마四魔를 항복받는 힘과 번뇌를 멸하는 힘과 원결을 푸는 힘과 중생을 제도하는 힘과 중생을 편안하게 하는 힘과 지옥을 해탈하는 힘과 아귀를 제도하는 힘과 축생을 구제하는 힘과 아수라를 교화하는 힘과 인간을 섭수하는 힘과 하늘과 신선의 번뇌를 소멸하는 힘과 무량무변한 공덕력과 무량무진한 지혜력으로써, 사생육도의 모든 원결들이 이 도량에 모여서 저희들의 참회를 받고 일체의 원결을 풀고 원수라든가 친하다는 생각을 없애고, 팔난을 여의어 사취의 괴로움을 없애며, 항상 부처님의 법문을 듣고 도를 깨달으며, 보리심을 발하여 선업을 행하고, 자비희사와 육바라밀을 지성으로 닦아 일체의 행원이 십지에 이르러 금강심에 들어가 정각을 이루게 하소서.

동업대중이여, 원한의 대상이 만나는 것은 악인惡因의 결과로 괴로운 업보를 받는 것이니, 고통의 근본을 알았으면 마땅히 용맹하게 꺾어 버려라. 고통을 멸하는 것은 참회가 제일이니라.

그러므로 경에서 두 사람을 칭찬하였으니,

'1은 죄를 짓지 아니함이요, 2는 능히 참회함이라.'

대중이 지금 참회하려거든 마음을 깨끗이 하고 몸을 단정히 한 뒤, 간절하게 잘못을 뉘우쳐 부끄러운 마음을 내어 다시는 잘못을 짓지 않겠노라 서원하는 마음을 내면 멸하지 못할 죄가 없느니라.

참괴의 마음이란,

'참'은 하늘에 부끄러움이요,

'괴'는 사람에게 부끄러움이며,

'참'은 스스로 참회하여 원결을 풀음이요,

'괴'는 다른 이로 하여금 마음을 풀게 함이며,

'참'은 갖가지 선을 행함이요,

'괴'는 선행을 보고 기뻐함이며,

'참'은 안으로 수치스러움을 아는 것이요,

'괴'는 사람을 향하여 잘못을 드러내는 것이니라.

이 두 가지 법은 장애에서 벗어나 행복의 길로 들어가는 바른길을 얻는 것이라 하느니라.

경에 말하기를, "일체 중생이 모두 친척이니, 혹 부모가 되었고 혹 스승이 되었으며, 내지 형제자매가 되었을 것이건만, 무명의 그물에 얽혀 서로 알지 못하며, 알지 못하므로 서로 해롭게 하였고, 해롭게 하였으므로 원결이 그지없다."고 하였느니라.

대중은 오늘 이런 이치를 깨닫고 지극한 정성으로 마음을 가다듬어 일념에 시방 부처님을 감동케 하고 간절한 참회와 발원으로 무량한 원결을 풀고자 삼보님께 귀의하오니, 원컨대 삼보님께서 가피하고 섭수하사 저희들의 참회하는 죄업이 소멸되고 뉘우치는 허물이 청정케 하소서. 오늘 함께 참회하는 이들이 오늘부터 깨달음에 이르도록 일체의 원결과 고통이 소멸되어 부처님을 친히 모시고 수기를 받으며, 자비희사와 육도만행을 모두 구비하고 네 가지 변재를 갖추며, 부처님의 십력을 얻어 훌륭한 상호로 몸을 장엄하고 신통이 무애하여 금강심에 들어가 등정각을 이루게 하소서.

찬讚

사생으로 왕래하며
육도로 윤회함이 모두
원망하는 마음이 서로 전해진 탓이니
부처님의 가피를 입어서
원한의 대상 모두 풀리어
험난한 곤경을 만나도 태연하게 하소서.

나무 난승지보살마하살難勝地菩薩摩訶薩〔3〕

출참出懺

묘한 상호 높고 뛰어나시니

중천에 떠 있는 태양이요,

자비한 바람 서늘하니

대지에 진동하는 우뢰로다.

티끌 마음에 감로 뿌리어

구하는 일마다 다 응하시어 모두 성취케 하시며

오안五眼의 광명 비추시어

이제까지 참회하는 저희들

자비도량참법을 수행하여 제4권이 끝나니,

육법공양으로 간절한 마음 모아서 예경하오며

관觀하고 경 독송하는 여러 가지 공덕으로

부처님 보리에 회향하여

법계에 널리 미치니

이러한 힘으로 참회하는 저희들

미처 뉘우치지 못한 죄 참회하고

아직 만나지 못한 인행因行을 모으니

현재의 권속들은 오복을 누리고

과거의 친척은

지혜의 광명으로 평안을 이루게 하소서.

악도에 헤매는 이들,

괴로움 쉬어 보리를 얻고

원한의 대상들 원결을 풀고

평안을 누리게 하소서.

간략한 참문으로 허물 뉘우치나

자라난 과보를 소멸키 어려워

간절한 마음으로

거듭 참회를 구하나이다.

악습을 버리고 선행으로

자비를 실천케 하소서.

찬讚

자비참법 4권의 공덕으로

저희들과 망령의 갖가지 죄업 소멸되어

원결을 풀고 복이 더하여

도리천에 왕생하였다가

용화회상에서 다시 만나

미륵부처님의 수기를 받게 하소서.

나무 용화회보살마하살龍華會菩薩摩訶薩 〔3〕

거찬擧讚

자비참법 제4권 모두 마치고

참회를 구하는 저희들은 수복이 증장하며

망령들은 정토에 왕생하게 하소서.

난승지보살은 어여삐 여기사 거두어 주소서.

나무 등운로보살마하살登雲路菩薩摩訶薩〔3〕

＊백팔배송을 하시고자 하는 불자님께서는 뒤 367쪽을
　참고하시기 바랍니다.

자비도량참법 제5권

찬讚

봄, 꽃봉오리 앞서고

여러 가지 풀 싱싱하여라.

작설차 다리니 향기 그윽하고

수정잔에는 설화雪花 날리네.

조주 스님의 화두話頭 다시 새로워

졸음의 마왕魔王 몇 번이나 퇴진退陣했나.

나무 보공양보살마하살普供養菩薩摩訶薩 [3]

들사오니,

석가여래 육년 고행으로 부처님 되시고

온세상이 자비의 광명으로 가득했네.

보살은 육바라밀 닦아 권속을 장엄하고

성문은 육신통 얻어 앞뒤를 둘러쌌네.

수기授記 주시니 천지가 진동하고

법문 설하시니 꽃비 내리네.

묘한 공덕 부사의하고

은덕의 광명 널리 덮이니

바라건대, 가엾이 여기는 마음으로

저희 정성 살피옵소서.

지금 참회하고 발원하는 저희들

자비도량참법을 수행하오며

이제 제5권의 연기를 당하여

육법공양으로 불·보살님께 공양하며

간절하게 죄를 뉘우치옵니다.

참회를 구하는 저희들

전생으로부터 금생에 이르도록

육바라밀의 수행 원만치 못하니

태어날 때마다 고통의 과보 무궁하고

세세생생에 허망한 인연 끊이지 않아

이제 허물을 뉘우치고 정성 다하여

일심으로 대중들과 함께

육바라밀 참문을 수행하며

간절한 참회로 윤회의 고통을 끊으려고

부처님께 발원하오니

가피를 드리워 주소서.

대자대비로 중생을 어여삐 여기시고

대희대사大喜大捨로 유정을 제도하시며

빛 밝은 상호로 장엄하였음에

저희들 지성으로 귀의하나이다.

8. 해원석결解怨釋結 ②

먼저 사생육취四生六趣를 향하여 몸으로 지은 악업을 참회합시다.

이 몸은 모든 괴로움의 근본임에 삼악도의 과보가 다 몸으로 얻는 것이라, 타인이 지은 것을 내가 받지도 않고, 내가 지은 것을 다른 사람이 받지도 않으니, 스스로 원인을 짓고 스스로 과보를 받느니라. 한 가지 업만 지어도 그지없는 죄보를 받는데, 하물며 종신토록 지은 죄악이겠는가. 지금 내 몸 있는 줄만 알고 타인의 몸이 있는 줄은 모르며, 나의 고통만 알고 타인의 고통은 모르며, 어리석은 연고로 나다 남이다 하는 분별을 일으키고, 원수다 친하다는 생각을 하는 탓으로 원한의 대상이 마음에 가득하니,

만일 원결을 풀지 않으면 육취 중에서 어느 때에 면하리요.

우리들은 오늘 용맹한 마음을 일으켜 부끄러운 생각을 내어 간절하게 참회하고, 부처님이 감응하시도록 정성을 기울여 무량한 원결을 끊을지니라. 바라건대 부처님과 법보와 보살과 일체 성현의 힘으로 사생육도의 모든 원수들이 모두 도량에 모여 각각 참회하나이다.

저희들이 비롯함이 없는 무명주지無明住地*로부터 오늘에 이르도록 몸의 악업으로 천상과 인간에 원결을 맺었으며, 아수라와 지옥에 원결을 맺었으며, 아귀와 축생에게 원결을 맺었사오니, 원컨대 부처님과 법보와 보살과 모든 성현의 힘으로 사생육도의 삼세 원결의 대상이거나 대상이 아니거나, 경하거나 중하거나 간에 이번

참회하는 공덕으로 일체의 죄업이 소멸되고 청정해져서 삼계의 괴로움을 다시 받지 않으며, 태어나는 곳마다 항상 부처님을 만나게 하소서.

오늘 함께 참회하는 이들도 비롯함이 없는 생사 이래로 금일에 이르도록, 몸의 악업으로 나쁜 갈래에서 혹은 탐욕과 성냄과 어리석음으로 인하여 원결을 맺고 십악업을 짓되, 한없는 욕심으로 가택과 재물을 위하여 금수와 소와 양을 죽이기도 하였을 것이며, 이익을 위하여 중생을 살상하거나, 의사가 되어 백성들에게 치료한다고 하면서 병은 고치지 못하고 이양을 취한 죄업으로 원결이 무량하였을 것이오니, 오늘 참회하여 모두 제멸除滅하게 하소서.

무시이래로 금일에 이르도록, 남의 양식을 빼앗아 굶주리게 하고 핍박하여 고생케 하며 삿된 말재주로 남의 재산을 내것인 양 함부로 쓰며 금방 준다 하고 갖다 쓰고는 어느 세월에 그런 일이 있었는지 기억조차 없는 등, 여러 가지 악업으로 지은 원결을 오늘 참회하나니 모두 제멸하게 하소서.

무시이래로 금일까지 중생을 살해하여 고기를 먹기도 하고, 삼독심으로 중생을 때리기도 하고, 독한 음식을 중생에게 먹여 죽인 원결이 무량무변한 것을 오늘 참회하나니 모두 제멸하게 하소서.

무시이래로 금일까지 밝은 스승을 여의고 나쁜 벗을 가까이하여 삼업三業으로 갖가지 죄를 짓되, 마음대로 살생하고 무고한 이를 요사夭死케 하며, 혹 못물을 푸고 도랑을 막아 물에 사는 고기와 작은 벌레들을 살해하고, 혹 산에 불을 놓거나 올무와 그물을 설치하여 짐승을 살해한 원결이 무량무변한 것을 오늘 참회하나니 모두 제멸하게 하소서.

무시이래로 금일에 이르도록 자비심이 없고 평등한 행을 어기면서 마음을 속이고 농간하여 타인을 침해하고, 재물을 겁탈하기도 하며, 남의 재산을 훔쳐 사용하며 진실한 마음이 없이 속이고 살해한 원결이 무량무변한 것을 참회하나니 모두 제멸하게 하소서.

무시이래로 금일에 이르도록 자비한 마음이 없어 육도의 모든 중생에게 번뇌롭고 고뇌롭게 하였고 권속들에게 무리하게 매질도 하고 가두었으며, 고문하고 때리는 등, 갖가지로 상해한 원결이 무량무변한 것을 참회하나니 모두 제멸하게 하소서.

무시이래로 금일에 이르도록 몸으로 짓는 세

가지 악업과 입으로 짓는 네 가지 악업과 뜻으로 짓는 세 가지 악업 등, 온갖 죄업을 짓지 않은 것이 없으며, 자기의 재산과 권력을 믿고 신의를 저버리고 오직 내가 남만 못할 것만 두려워하고, 아만심으로 거만하게 남을 업신여긴 원결과, 지식이 많다고 남을 업신여긴 원결과, 글을 잘 안다고 남을 업신여긴 원결과, 부귀하다고 남을 업신여긴 원결과, 말을 잘한다고 남을 업신여긴 원결을 웃어른들과 아래사람에게 짓기도 하고, 함께 공부하는 도반에게 짓기도 하고, 부모 친척에게 짓기도 한, 이러한 원결이 무량무변한 것을 참회하오니 제멸하게 하소서.

무시이래로 금일에 이르도록 천상이나 인간에게 원결을 지었으며, 아수라와 지옥 중생에게 원결을 지었고 축생과 아귀에게 원결을 지었으며, 내지 시방의 일체 중생에게 원결을 지은 것을 참회하오니 모두 제멸하게 하소서.

무시이래로 금일에 이르도록 혹은 질투하고, 아첨하고 왜곡하여 윗자리에 오르기를 구하기도 하고, 남의 부귀영화를 질투하고 왜곡하기도 하고, 명예와 이익을 위하여 삿된 소견을 따라다니면서 부끄러움이 없이 지은 원결과, 무시이래로 지은 죄업에서 스스로 지었거나, 남을 시켜 지었거나, 짓는 것을 보고 기뻐하였거나, 삼보의 물건을 스스로 취하였거나, 남을 시켜 취하였거나, 취함을 보고 기뻐하였거나, 덮어 감추었거나 감추지 않았거나 간에 이런 죄업으로 지옥·아귀·축생에 나고, 다른 나쁜 갈래와 변방과 하천한 곳에 태어나서 받을 죄보를 이제 참회하여 제멸하기를 바라옵니다.

부처님이시여, 자비하신 마음으로 일체를 구호하시어 저희들이 금일 사생육도와 부모와 스승과 일체 권속을 향하여 지나간 죄업을 참회하여 원결을 풀고자 한 뜻을 받으시고, 육도의 원수들이 각각 원결을 풀어 원수다 친하다는 생각 없이, 오늘부터 보리에 이르도록 삼업이 청정하여 자비희사와 육바라밀을 항상 수행하여 많은 복을 갖추어 여러 가지 선한 행을 구족하며, 수능엄삼매首楞嚴三昧*에 머물러 금강 같은 몸을 얻어 구경에 등정각을 이루게 하소서.

우리들이 몸으로 지은 죄를 참회하여 신업身業은 청정해졌으나, 남은 구업口業은 모든 원결과 화근의 문이므로 부처님이 경계하시기를, "이 간질과 악담과 불필요한 말과 속이는 말을 하지 말라."고 하였으니, 왜곡하고 꾸민 말로 시비를 만든 것은 환난이 많고 과보 또한 증대하느니라.

사람이 마음에 독한 생각을 품고, 입으로 독한 말을 하고, 몸으로 독한 행을 하면서, 중생을 해롭게 하면 독해를 입은 중생은 곧 원한을 맺고 보복하려 할 것이니, 혹은 현세나 죽은 뒤에 그 원을 이루기도 한다. 이러한 원결로 인하여 여섯 갈래로 다니면서 서로 보복하는 것이 끝날 때가 없나니, 모두가 전세의 원결이요, 그냥 생기는 것이 아니니, 몸이 짓는 세 가지 업과 입으로 짓는 네 가지 업이 모든 악의 근원인 줄을 알아야 하느니라.

세속에 사는 사람이 충효를 하지 않으면, 과보로 너무 뜨거웁거나 너무 추워서 살기 어려운 곳에 태어나 참혹한 고통을 받고, 불자가 되어 불법을 좋아하지 않으면 태어나는 곳마다 나쁜 일과 얽히게 되나니, 이런 원수는 다 몸과 마음과 입으로 지은 삼업 때문이요, 삼업 중에 입으로 짓는 구업이 가장 무거우며, 과보를 받을 때에 여러 가지 혹독함을 당하느니라.

우리들이 육취에 윤회함은 모두 입으로 짓는 악업 때문이니, 경솔한 말을 함부로 하거나 말을 잘한다 해서 허망하게 꾸며대면 말과 행동이 서로 다르고 나쁜 과보가 스스로 오게 되어 여러 겁을 지나도 면하기 어려우니, 어찌 사람마다 그런 허물을 참회하지 아니하랴. 우리 서로 무시 이래로 금일에 이르도록 구업이 좋지 못하여 사생육도와 부모와 모든 권속에게 온갖 나쁜 짓을 하면서, 이치에 맞지 않게 공한 것을 있다 하고 있는 것을 공하다 하며, 본 것을 보지 못했다 하고 보지 못한 것을 보았다 하며, 들은 것을 듣지 못했다 하고 듣지 못한 것을 들었다 하며, 지은 것을 짓지 않았다 하고 짓지 않은 것을 지었다 하여 천지를 번복하며 다른 이를 해롭게 하였느니라.

자기에게는 여러 가지 공덕을 말하고 다른 이에게는 모든 악한 것을 씌우며, 내지 성현을 욕하고 임금과 부모를 기만하며, 윗사람을 시비하고 나보다 나은 이를 훼방하되, 도의도 없고 체면도 돌아보지 않았나니, 세상의 뜻하지 않은 액난으로 목숨을 잃기도 하고 고통을 오래오래 받게 되나니, 웃고 희롱하는 동안에도 무량한 죄악을 저지르거늘, 하물며 일부러 나쁜 말로 여러 사람을 욕되게 함이리요.

무시이래로 금일까지 나쁜 구업으로 천상이나 인간에 원결이 있는 이, 아수라와 지옥에 원결이 있는 이, 아귀와 축생에 원결이 있는 이, 부모와 스승과 모든 권속에게 원결이 있는 이들을 위하여 저희들이 보살의 행과 같이 하고 보살의 원과 같이 하여 대자대비하신 부처님께 귀의하오니, 원컨대 부처님과 법보와 보살과 성현의 힘으로 사생육도의 일체 중생을 모두 도량에 오게 하되, 만일 몸이 장애되어 마음은 있으나 오지 못하는 이가 있거든 부처님과 법보와 보살과 성현의 힘으로 그의 정신을 섭수하여, 저희들이 수없이 많은 말로 인하여 지은 죄의 참회를 받게 하소서. 무명주지無明住地가 있은 후부터 금일에 이르도록 나쁜 말과 알지 못하고 마음대로 내뱉은 말로 육도 중에서 두루 원결을 지었으니, 삼보의 위신력으로 사생육도의 삼세 원결을 영원히 소멸하게 하소서.

저희들이 무시이래로 금일에 이르도록 성내고 탐하고 어리석은 삼독으로 열 가지 악행을 지을 때에, 입으로 짓는 네 가지 업으로 무량한 죄를 일으키되, 악구惡口로 부모와 윗어른과 권속과 모든 중생을 시끄럽게 하였으며, 혹은 부모에게 망어업妄語業을 일으키고, 윗사람에게 망어업을 일으키고, 권속에게 망어업을 일으키고, 일체 중생에게 망어업을 일으켰으며, 또 본 것을 보지 못했다 하고 보지 못한 것을 보았다 하며, 들은 것을 듣지 못했다 하고 듣지 못한 것을 들었다 하며, 아는 것을 모른다 하고 모르는 것을 안다 하며, 교만하고 질투하여 없는 말을 만들고 있는 것을 없다 하면서 망어업을 일으켰으니, 이러한 죄가 무량무변한 것을 오늘 참회하여 제멸하기를 원하나이다.

무시이래로 금일에 이르도록 이간하여 두 말로 양설업兩舌業 일으키되, 남에게 나쁜 말 들은 것을 덮어두지 못하고, 저 사람에게 이 사람의 말을 하고 이 사람에게 저 사람의 말을 하며, 사람들이 헤어지거나 고통을 받게 하며, 혹은 희롱삼아 두 사람을 싸우게 하고 남의 골육을 이간하여 그의 권속을 헤어지게 하며, 일체를 요란케 하였으니, 이런 죄악이 무량무변한 것을 오늘 참회하여 제멸하기를 원하나이다.

무시이래로 금일에 이르도록 꾸민말로 기어綺語의 죄를 짓되, 이치에 닿지 않는 말과 이익이 없는 말로 나 편한 대로 꾸미고 만들어서 부모를 시끄럽게 하고 사람을 시끄럽게 하고 도반을 시끄럽게 하며, 내지 육도의 일체 중생을 시끄럽게 한 원결이 무량무변한 것을 오늘 참회하여 제멸하기를 원하오니, 부처님과 법보와 보살의 힘과 성현의 힘으로 저희들의 오늘 참회함을 받고, 사생육도의 삼세 원결을 해탈하고, 일체 죄업을 모두 끊어 버리고 다시는 원결을 일으켜 삼악도에 들어가지 않게 하며, 다시는 육도 중에서 독해를 입히지 않게 하며, 모든 원결을 풀어버리고 원수라든가 친하다는 생각이 없이 일체가 화합하기를 물에 젖을 탄 것 같이 하며, 일체가 환희하기를 초지初地와 같이 하며, 영원히 법문의 친척과 자비의 권속이 되며, 이제부터 보리에 이르도록 삼계의 과보를 영원히 받지 않고 사무량심과 육바라밀을 더욱 깊이 수행하며, 대승의 도를 행하고 부처님의 지혜에 들어가 일체 원해願海를 모두 구족하고 육통과 삼달지三達智를 분명히 알며, 금강 같은 부처님의 지혜를 이루게 하소서.

이미 몸과 입으로 지은 죄를 참회하였으니, 다음은 마땅히 의업意業을 청정히 할지니라. 일체 중생이 생사에 윤회하면서 해탈하지 못하는 것은 의업이 굳게 얽힌 탓이니, 십악업과 오역죄가 모두 의업意業으로 짓는 까닭이니라.

그러므로 부처님이 경계하시기를, "탐욕과 성내는 일과 어리석음과 삿된 소견을 내지 말지니, 후에 과보로 심한 고통을 면하기 어렵다."고 하셨느니라.

오늘, 마음이 모든 식識을 움직이는 것을 보나니, 임금이 신하를 부리는 것과 같아서, 입으로 나쁜 말을 하고 몸으로 나쁜 행동을 함으로써 육도로 다니면서 혹독한 과보로 몸을 망치는 것은 마음으로 악업을 지은 까닭이니라.

이제 뉘우치고 행동을 고치려거든, 먼저 마음을 다스린 다음 뜻을 억제해야 하나니라. 마음과 뜻을 깨끗이 함은 행복할 근본이요, 좋은 데 나아가는 터전이다. 몸과 입은 업이 거칠어 없애기 쉽거니와 뜻은 미세하여 제거하기 어려우니라. 여래의 일체지—切智를 얻은 이는 몸과 입과 뜻을 다스리지 않아도 되거니와 우치한 범부야 어떻게 삼가지 아니하랴.

경에 이르되, "뜻을 방비防備하기를 성을 지키듯이 하고 입을 조심하기를 병을 지키듯이 하라."고 하였으니, 어찌 방심하리요.

우리가 무시이래로 이 몸에 이르도록 무명이 애욕을 일으켜 생사를 증장하여 삼악도와 육취로 윤회하면서 경험하지 않는 것이 없나니, 이렇게 여러 곳에서 무량한 고통을 받는 것은 모두 의업으로 원결을 맺고 염념에 반연하여 잠깐도 버리지 못하고 육근을 선동하며, 오체를 시켜서 가볍고 무거운 악업을 지었으며, 또 몸과 마음이 뜻대로 되지 않으면 마음에 분노를 일으켜 서로 살상하되 가엾은 생각이 전혀 없으며, 자신은 조고만 괴로움도 참지 못하면서 남에게는 고통이 더 심하기를 바라며, 남의 허물을 보고는 선전하여 퍼뜨리면서도 자기의 허물은 다른 이가 들을까 염려하나니, 이런 심사는 실로 참괴할 일이니라.

또 뜻으로 화를 일으켜 진심瞋心을 내는 것은 모든 선근을 잃게 되나니, 화엄경에 말하기를, "불자가 내는 한 번의 진심은 가장 큰 악이 된다. 왜냐하면, 한 번 화를 내면 백·천 가지의 장애를 받게 되나니, 이른바 보리를 보지 못하는 장애,

법을 듣지 못하는 장애, 악도에 태어나는 장애, 병이 많은 장애, 비방을 받는 장애, 바른 생각을 잃는 장애, 지혜가 없는 장애, 악지식을 가까이 하는 장애, 어진 이를 싫어하는 장애, 바른 소견이 멀어지는 장애, 내지 부처님의 교법을 여의고 마군의 경계에 들어가며, 선지식을 등지고 몸의 여러 기관이 불구가 되며, 나쁜 직업에 종사하는 집에 태어나고 변방에 살게 된다."고 하였나니, 이러한 장애는 이루 다 말할 수 없이 많으니라.

그러므로 천자天子가 한 번 노하면 송장이 만 리에 덮인다 하나니, 뜻으로 짓는 악은 여러 중생에게 통하는 것이니, 지혜가 있거나 없거나 귀하거나 천하거나 간에 다 면하지 못하느니라.

성냄의 번뇌는 깊은 것이어서, 비록 버리고자 하나 경계를 대하여 이미 발하였고, 동하기만

하면 악과 더불어 함께 하는 것이니, 어느 때에나 이 괴로움을 면할 수 있겠는가.

대중이여, 이제 죄를 알았으니 어찌 태연하게 참회하지 않을 수 있겠는가. 오늘 간곡히 정성을 다하여 참회해야 하리니, 대자대비하신 부처님과 삼보님께 귀의하오니, 바라건대 자비한 힘과 무량한 자재하신 힘으로 저희들이 금일 사생육도와 부모와 스승과 일체 권속이 뜻으로 맺은 모든 악업에서, 대상이 되거나 아니거나 경하거나 중하거나 간에 맺은 원결은 참회하여 제멸하고 다시는 원결을 맺지 않게 하소서.

원컨대 삼보의 힘으로 가피하여 섭수하시며, 어여삐 여겨 두호하사 해탈케 하소서.

저희들이 무시이래로 금일에 이르도록 생각으로 지은 악업의 인연으로 사생육도와 부모와 윗사람과 모든 권속에게 맺은 원결에서, 작은 것이나 크거나 간에 오늘 참괴하여 발로참회하오니, 모두 제멸케 하소서.

무시이래로 금일에 이르도록 삼독으로 인하여 탐심을 일으키고, 탐욕과 번뇌로 인하여 삼업을 일으켰으니, 모든 법계에 있는 다른 이의 소유물에 대하여 나쁜 생각을 내어 가지려 하였고, 내지 부모의 물건, 윗사람의 물건, 권속의 물건, 일체 중생의 물건, 천인의 물건, 신선의 물건 등, 이런 물건들을 다 자기의 것으로 생각하려는 그런 죄악이 무량무변한 것을 오늘 참회하여 제멸하기를 원하나이다.

무시이래로 금일에 이르도록 성내는 업을 지어 밤낮으로 불타면서 일시일각도 쉬지 않고, 조금만 뜻에 맞지 않으면 크게 성을 내어 모든 중생에게 갖가지 피해를 입히되, 혹은 때리고 혹은 물에 빠뜨리며, 내지 압박하여 굶주리게 하며, 매어 달고 가두는 등, 성냄으로 지은 무량한 원결을 오늘 참회하여 제멸하기를 원하나이다.

무시이래로 금일에 이르도록 무명을 따라서 우치한 업을 일으켜 모든 악업을 두루 지었으며, 바른 지혜가 없고 삿된 말을 믿으며 삿된 법을 받는 등, 이런 우치한 업으로 원결을 맺은 것이 무량무변한 것을 오늘 참회하여 제멸하기를 원하나이다.

무시이래로 금일에 이르도록 여러 가지 사도邪道를 행하여 많은 원결을 맺고 갖가지 업을 지어 생각마다 반연하여 잠깐도 버리지 못하고 육정을 선동하여 악업을 지었으되, 혹 몸과 입으로 그 일을 성취하지 못하면 마음이 혹독해지고 내지 희롱거리로 시비를 일으키며, 순직한 마음으로 사람을 대하지 않고 항상 왜곡된 생각으로 참괴함이 없나니, 이런 죄가 무량무변하여 육도중생에게 큰 괴로움을 받게 한 것을 오늘 참회하여 제멸하기를 원하나이다.

저희들이 무시이래로 금일에 이르도록 몸으로 짓는 업과 입으로 짓는 업과 마음으로 짓는 업이 선하지 못하여, 이런 악업을 부처님과 법보와 모든 보살과 성현에게 일으킨 일체 죄업이 무량무변한 것을 오늘 지성으로 참회하여 제멸하기를 원하나이다.

무시이래로 금일에 이르도록 몸의 3업과 입의 4업과 뜻의 3업으로 5역죄와 4바라이죄를 지은 것을 오늘 참회하여 제멸하기를 원하오며, 무시이래로 금일에 이르도록 육근·육진·육식과 허망하게 뒤바뀐 생각으로 모든 경계를 반연하면서 지은 일체 죄업을 오늘 참회하여 제멸하기를 원하오며, 무시이래로 범한 죄가 많아 죽은 뒤에 삼악도에 떨어지되, 지옥 중에서 받을 헤아릴 수 없이 많은 죄와, 아귀도에 떨어져 아는 것 없이 항상 기갈이 심한 괴로움과, 축생에 떨어져 받을 무량한 고통과, 음식에 굶주리고 추위에 떠는 괴로움과, 인간에 태어나도 삿된 소견을 가진 집에 태어나 마음이 항상 아첨하고 왜곡되며, 남의 물건과 재물을 내맘대로 탐내어 빼앗기도 하고 몰래 가져가서 갚지 못하면서도 오히려 성내고 행패를 부리며 두려움에 떨게 했으며 삿된 말을 믿고 바른 도를 잃어버리어, 생사고해에 빠져 나올 기약이 없을 것이니, 삼세의 모든 원결을 다 말할 수 없어 오직 부처님께 모든 죄업을 참회하여 제멸하기를 원하나이다.

부처님의 대자비력과 대신통력과 중생을 조복하는 힘으로, 저희 제자들이 오늘 참회하는 모든 원결을 곧 제멸하게 하시며, 사생육도 중에서 원한이 있는 이는 부처님과 지위가 높은 보살과 일체 성현의 대자대비력으로 이런 원결을 해탈케 하며, 오늘부터 보리에 이를 때까지 모든 죄업을 소멸하여 악도에 태어나지 않고 정토에 나게 하며, 원결의 생활을 버리고 지혜의 생활을 얻으며, 원결의 몸을 버리고 금강 같은 몸을 얻으며, 악도의 괴로움을 버리고 열반의 낙을 얻으며, 악도의 괴로움을 생각하고 보리심을 발하며, 자비희사와 육바라밀이 항상 앞에 나타나며, 네 가지 변재와 여섯 가지 신통이 뜻과 같이 자재하며, 용맹 정진하여 쉬지 않고 닦아 나아가 십지행을 만족하고, 무변한 일체 중생을 제도하게 하소서.

과거 현재의 사생육도와 미래의 일체 중생이 오늘의 참회로써 함께 청정하고 함께 해탈하며, 지혜를 구족하여 신통력이 자재하며, 금일부터 보리에 이르도록 항상 시방의 다함없는 부처님의 법신을 보며, 부처님의 32상과 자마금신을 보며, 모든 부처님께서 80종호種好*의 형체를 시방에 나투어 중생을 구제하는 모습을 보며, 모든 부처님이 미간 백호상의 광명을 놓아 일체 괴로움에서 구제함을 받도록 발원할지니라.

원컨대, 동업대중이 지금 참회하는 청정한 공덕의 인연으로 금일부터 몸을 버리거나 몸을 받되, 지옥 고통으로 신체를 볶는 고통을 경험하지 않으며, 아귀의 세계에서 목구멍은 바늘 같고 배는 북과 같아서 기갈을 참는 고통을 경험하지 않으며, 축생의 세계에서 빚과 목숨을 갚느라고 몰려다니면서 가죽을 벗기는 고통을 경험하지 않으며, 인간세계에서 갖가지 병이 몸을 침해하는 고통과, 열병과 냉병으로 참는 고통과, 잦은 수술과 약물복용으로 괴롭히는 고통과, 우울증과 정신이 혼미한 고통을 경험하지 않게 하소서.

원컨대, 오늘부터 청정한 계행을 받들어 더럽히려는 마음이 없고, 항상 인의仁義를 수행하여 은혜 갚을 생각을 갖고, 부모 공양하기를 세존을 받들 듯이 하며, 스승 섬기기를 부처님을 대하듯 하며, 국왕 공경하기를 부처님의 법신을 대하듯이 하고, 다른 일체를 제 몸과 같이 섬기에 하소서.

오늘부터 보리에 이르도록 깊은 법을 통달하여 두려움이 없는 지혜를 얻고, 대승을 밝게 해석하여 정법을 분명히 알고 스스로 깨달아서 한결같이 견고하게 불도를 구하며, 일체 중생을 제도하여 여래와 함께 정각을 이루게 하소서.

오늘 인연이 있거나 인연이 없거나 모든 대중이 발하는 조그마한 소원을 증명하소서. 저희들의 소원은 성현이 계시는 곳에 나서 도량을 건립하고 공양을 올리며, 중생들을 위하여 큰 이익을 지으며, 항상 삼보의 자비로 섭수함을 받아 교화를 행하며, 항상 정진하여 세상의 낙에 집착하지 않고 일체 법이 공함을 알며, 원수와 친한 이를 잘 교화하여 보리에 이르도록 물러가지 않으며, 오늘부터 행하는 조그만 선도 다 원력이게 하소서.

원컨대, 인간에 태어나면 선행을 닦는 집에 나서 자비도량을 건립하여 삼보께 공양하고, 조그만 선도 모두에게 베풀어 큰스승의 가르침에서 벗어나지 않으며, 삿된 욕심에서 벗어나 많은 이들에게 불법을 전하며, 충성하고 정직하여 인자하고 화평하며, 나에게도 이롭고 남도 이롭게 하여 공덕이 무량하게 하소서.

원컨대, 만일 이 몸을 버리도록 해탈을 얻지 못하고 귀신 중에 나게 되면, 밥을 먹지 않아도 자연히 배부르고 따뜻하게 하소서.

원컨대, 이 몸을 버리도록 해탈을 얻지 못하고 축생 중에 나게 되면, 항상 깊은 산에 살면서 풀을 먹고 물을 마시되 괴로움이 없으며, 상서로운 짐승이 되어 속박을 받지 않게 하소서.

원컨대, 이 몸을 버리도록 해탈을 얻지 못하고 아귀 중에 떨어지면, 몸과 마음이 안락하여 괴로움이 없고, 같은 동족들을 교화하여 모든 허물을 뉘우치고 보리심을 발하게 하소서.

원컨대, 이 몸을 버리도록 해탈을 얻지 못하고 괴로움에 허덕일 때 스스로 전세의 인연을 알고 같은 동족들을 교화하여 모든 허물을 뉘우치고 공덕을 지어 복덕이 무량하게 하소서.

저희들은 항상 보리심을 생각하고 보리심이 항상 계속되어 끊이지 않고자 하옵나니, 시방의 일체 제불과 지위가 높은 보살과 일체 성인은 자비심으로 저희를 위하여 증명하시며, 모든 하늘과 신선과 호세사천왕과 선을 주장하고 악을 징벌하며 주문을 수호하는 오방용왕과 용신 팔부는 함께 증명하소서. 다시 지성으로 삼보께 귀의하나이다.

찬불축원讚佛祝願

대성 세존께서 외외당당巍巍堂堂하사

삼달三達의 지혜로 환히 비추시니

여러 성인 중에 왕이시네.

몸을 나투어 제도하시며 도량에 앉으시니

위엄이 대천세계에 떨치니

마군들은 모두 놀라 굴복하며

자비로 교화하심 멀리 미치네.

자비하신 힘으로 시방을 섭수하사

여덟 가지 괴로움(八苦) 영원히 하직하고

보리의 고향에 이르게 하시네.

그러므로 여래·응공·정변지·명행족·선
서·세간해·무상사·조어장부·천인사·불

세존이라 하시나니, 한량없는 사람을 제도하여 생사의 괴로움에서 구제하시나이다. 이제 참회하고 부처님을 찬탄한 공덕으로 사생육도의 일체 중생이 오늘부터 보리에 이르도록 부처님의 본원력으로 자유자재하게 하소서.

찬讚

마음이 몸과 입으로
서로 원인이 되어 짓고 변하면서
여섯 갈래로 다니며 허물을 일으켜
원결이 되어 얽혔으나
부처님의 자비를 의지하여
배를 옮겨 번뇌의 강을 건너네.
나무 현전지보살마하살現前地菩薩摩訶薩 〔3〕

출참 出懺

이제까지 참회하는 저희들

자비도량참법을 수행하여 제5권이 끝나니

공功과 과果가 원만하나이다.

훌륭한 향을 사르고 휘황하게 등을 켜며

일곱 가지 진수 차리고 아름다운 차를 받들어

이 법회의 성현과

단상을 살피는 신장께 공양하오니,

이 공덕을 모아 여러 중생과 나누게 하소서.

참회하는 저희들,

세세생생 이어 내려오는 업장 씻어버리고

육천六天의 안락 증장하려 하오니

바라건대,

육근이 청정하길 아침 해가 허공에 뜬 듯

육식이 원명하길 가을 달이 물에 비치듯
받아들이는 일 모두 반야의 인因이 되고
여섯 가지 수승한 일, 이 세계 저 세계에서 이루고
육바라밀은 천상과 인간에 원만하여
사생과 육도가 함께 해탈을 얻고
모두 괴로움을 벗게 하소서.
무거운 허물 다 말할 수 없어
거듭 정성을 다하여 참회하나이다.

찬讚

자비참법 5권의 공덕으로
저희들과 망령들이 육근으로 지은 죄 소멸되고
보살의 현전지現前地*를 증득하여
참문을 외우는 곳에 죄의 꽃이 스러지며,

원결을 풀고 복이 더하여

도리천에 왕생하였다가 용화회상에서 다시 만나

미륵 부처님의 수기를 받게 하소서.

나무 용화회보살마하살龍華會菩薩摩訶薩〔3〕

거찬擧讚

자비참법 제5권 모두 마치고

사은과 삼유에 회향하오니

참회하는 저희들은 수복이 증장하며

망령들은 정토에 왕생하게 하소서.

현전지보살은 어여삐 여기사 거두어 주소서.

나무 등운로보살마하살登雲路菩薩摩訶薩〔3〕

＊백팔배송을 하고자 하는 불자님께서는 뒤 367쪽 참고.

자비도량참법 제6권

찬讚

천상의 진수,

순타의 최후의 공양

주릴 때 삼麻과 보리로 배를 채우고

선인이 성찬을 보내며

목우녀牧牛女가 죽을 올리니,

사천왕이 발우를 받들고 영산회상을 향하네.

나무 보공양보살마하살普供養菩薩摩訶薩〔3〕

듣사오니,

칠불 세존은 참법을 증명하는 님이시고

일곱 비유의 경전은 해탈에 들어가는 문이니

칠보의 법재法財가 있고

칠각지七覺支*를 구족하며

전단림栴檀林에 둘러싸여 사자후를 하시고

구하는 일마다 응하시어 이루어 주시네.

자비의 구름을 널리 펴시고

물 속의 달처럼 함용含容하실새

머리 조아려 원하오니,

참법을 증명하소서.

지금 참회하는 저희들

자비도량참법을 수행하며

이제 제6권의 연기를 당하여

신도들은 신심이 더욱 깊어지고

스님들은 법답게 닦아 지니며

당번과 탱화로 장엄하고

향과 등과 꽃을 진열하여 정성으로 공양하오며

공경하나이다.

생각건대,

저희들은 많은 부모에게서 태어나고

여러 겁을 원수와 친척 맺어

일곱 갈래에서 윤회하면서

모든 악을 두루 지어

깨달음을 등지고

많은 겁 동안 참회하지 못하더니

금생에 다행히 불법을 만난지라

부처님 형상 앞에서 발로하고

대원경大圓鏡 속에서 죄를 씻으며

모든 대중으로 하여금 참회문을 읽게 하오니

부처님 가엾이 여겨 명훈가피冥熏加被하소서.

시방세계에 계시는 삼세의 모든 부처님이시여,

청정한 신·구·의 삼업으로 두루 예배합니다.

입참入懺

자비도량참법을 수행하오며
삼세의 부처님께 귀의하나이다.

　동업대중이여, 지극한 덕은 매우 아득하여 본
래 말할 수가 없느니라.

　말은 덕을 이야기해야 도에 들어가는 가까운
길이 되며, 이치에 이르는 계단이 되고, 성인의
자리로 가는 길이 되느니라. 그러나 말을 의지하
여 이치를 드러내는 것이로되 말이 이치를 초월
하지는 못하느니라.

　초학初學은 말로 인하여 도리를 알게 되다가,
무학無學에 이르러서는 이치에 합하고 말을 잊게

되느니라. 어리석은 범부는 번뇌의 업장이 두터워서 모든 법문에서 말을 버리지 못하고, 인식이 부족하여 묘한 이치를 이해하지 못하며, 소견이 척박하여 궁극에 이르지 못하는 것이니라. 그러므로 말하기는 쉬우나 실행하기는 어려우니라.

어떤 사람이 힐난하여 말하길, "자신도 바로 하지 못하면서 어떻게 남을 바르게 하며, 자기의 삼업이 혼탁한데 어떻게 다른 이를 청정케 하겠는가. 자기는 청정치 않으면서 남을 청정케 한다는 것은 될 수 없는 것이니라. 부질없는 말과 행동을 하여 남을 괴롭게 하지 말라."고 했느니라.

이제 세간의 대자대비하신 부처님께서 두호하고 섭수하심을 믿어 오직 참괴할 뿐이니, 대중은 조금이라고 이치에 맞으면 이 참법을 의지하여 지나간 허물을 고치고 부지런히 선을 닦으면 장래에 선지식이 될 것이요, 보리의 권속이 되어 남을 이롭게 하며 고통에 처한 이들을 보면 고통에서 건져주려는 큰마음을 내야 할 것이니라.

9. 자경自慶

삼보에 귀의한 이후부터 지극한 도덕을 믿고 의심을 끊어 참회하였으니 죄업과 번뇌가 모두 없어졌을 것이요, 계속 발심하여 실행하면 원결이 풀리어 장애될 것이 없으리니, 어찌 사람마다 환희용약하여 기뻐하지 않으리요.

경에 팔난八難을 말하였으니,

1은 괴로움이 계속 이어짐이요, 2는 굶주림에서 벗어나기 어려움이며, 3은 지혜가 없음이요, 4는 사람이 살기 어려운 최악의 환경에 태어남이요, 5는 장수천에 태어남이요, 6은 사람이 되었으나 난치의 병으로 불구가 됨이요, 7은 사견가邪見家에 태어남이요, 8은 부처님이 계시지 않을 때 나는 것이니라.

이러한 팔난이 있으므로, 중생들이 생사의 윤회에서 벗어나지 못하느니라. 우리들은 말법 중에 나서 부처님을 만나지는 못하였으나, 경사가 오히려 많으니라. '난難'이란 말은 마음에 의심이 있음이니, 의심하면 난이 아닌 것도 난이 되고 의심이 없으면 난도 난이 되지 않느니라. 여덟째에 부처님이 계시지 않을 때 나는 것을 난이라 하였는데, 의심 많은 성동노모城東老母는 부처님과 한 세상에 나서 같은 처소에 있었으나 부처님을 뵙지 못하였다. 그러므로 마음으로 의심하면 난이 되고, 다른 세상에 태어나도 의심이 없으면 난이 아니니라.

또 파순은 나쁜 생각을 가졌다가 살아서 지옥에 빠졌고, 용왕은 법문을 듣고 문득 도를 깨쳤으니, 반드시 천상이나 인간에 났다고 해서 난이 아니라고 할 수 없느니라. 마음이 진실로 선하지 못하면 태어남도 다를 것 없나니, 천상의 귀한 몸으로도 지옥에 떨어지고, 축생의 천한 몸으로도 도량에 오르나니, 이것으로 미루어 보면 마음이 삿되면 가벼운 난도 무겁고, 마음이 바르면 무거운 난도 장애가 되지 않느니라.

마음이 장애되는 탓으로 간 곳마다 난이 되거니와, 마음이 바르기만 하면 난도 난이 되지 않나니, 부처님 뒤도 정법 아닌 것이 없고, 모두 도를 얻는 곳이니라.

그러니 마음이 바르면 팔난이 다시는 없을 것이

요, 만일 의혹하면 한량없는 난이 될 것인 즉, 이렇게 기쁘고 다행한 일이 적지 않건만 대중이 날마다 만나면서도 알지 못하니, 이제 대강 소견을 말하여 스스로 기쁘고 다행한 일을 보이리니, 만일 기쁘고 다행한 줄 알면 모름지기 마음을 닦을지니라.

어떤 것을 스스로 다행한 일이라 하는가.

부처님 말씀에, 고苦에서 벗어나기 어렵다 하였으나 우리는 이미 이 고통을 멸할 방법을 알았으니, 첫째 경행慶幸한 일이요,

굶주림에서 벗어나기 어렵다 했으나 우리는 이미 그 괴로움을 면했으니, 둘째 경행한 일이요,

지혜를 증득하기 어렵다 하였으나 우리가 지혜를 닦아가고 있음이니, 셋째 경행한 일이요,

최악의 조건을 가진 나라에 태어나면 인의仁義

를 모를 것인데 이미 가까이 함께 있으면서 부처님의 가르침을 들으니, 넷째 경행한 일이요,

장수천에 나면 복을 지을 줄 모를 것이나 우리는 벌써 좋은 인을 심었으니, 다섯째 경행한 일이요,

사람의 몸은 얻기 어렵고 한 번 잃으면 다시 만나지 못하는데 우리는 각각 사람이 되었으니, 여섯째 경행한 일이요,

마음이 바르지 못하면 선근에 참여키 어려운데 우리는 이미 청정하여 깊은 법문을 향하였으니, 일곱째 경행한 일이요,

세상에 지혜 있고 말 잘하고 영리한 이는 도리어 난이 되는데 우리는 일심으로 정법에 귀의하였으니, 여덟째 경행한 일이요,

부처님 앞과 부처님 뒤에 나면 난이 되고, 혹은 부처님을 뵙지 못함이 더 큰 난이라 하는데,

우리는 이미 좋은 원을 발하고 미래세에 중생을 구제하게 되었으니 여래를 뵙지 못한다고 난이 될 것이 아니며, 부처님 형상을 뵙고 정법을 들었으니, 옛날 녹야원에서 설법하실 때와 다르지 않느니라. 또한 죄를 멸하고 사람으로 태어났으니, 부처님을 뵙지 못한다 해서 난이라 할 수 없으며, 부처님 말씀에 부처님 뵙는 것이 어렵다 하였으나 우리는 이미 불상을 대하였으니, 아홉째 경행한 일이요,

부처님 말씀에 법문 듣기가 어렵다 하였는데, 우리는 이미 감로수를 먹었으니, 열째 경행한 일이요,

부처님 말씀에 삼보께 귀의함이 어렵다 하였으나 우리는 이미 불법에 귀의하였으니, 열한째 경행한 일이요,

부처님 말씀에 자기를 이롭게 하기는 쉬우나 남을 이롭게 하기는 어렵다 하였는데, 우리가 오늘 한 번 뵙고 한 번 예배한 것까지도 모두 시방의 일체 중생에게 회향하니, 열두째 경행한 일이요,

부처님 말씀에 애써 노력하며 괴로움을 참는 일이 어렵다 하였는데 우리는 부지런히 선한 일을 하였으니, 열셋째 경행한 일이요,

부처님께서 경 독송함이 어렵다 하였으나 우리는 경전을 수시로 읽고 보나니, 열넷째 경행한 일이요,

마음을 쉬기가 어렵다 하였으나 지금 잡념을 쉬고 뜻을 정에 두었으니, 열다섯째 경행한 일이니라.

이와 같이 스스로 기쁘고 다행한 일이 진실로

한량이 없나니, 변변치 못한 말로는 이루 다 말할 수 없느니라. 사람이 세상을 사는데 괴로움은 많고 낙은 적으니, 한 가지 기쁨과 한 가지 즐거움도 오히려 얻기 어렵거늘, 우리가 이제 여러 가지 장애가 없음을 얻었으니 이것은 모두 시방삼보의 위신력이니라. 각각 지성으로 이 은혜를 생각하고 다 같이 국왕과 국토와 국민과 부모와 스님과 상·중·하좌와 시주 단월과, 선지식·악지식과 천인과 신선과 호세 사천왕과, 총명하고 정직한 이와 천지 허공과 선한 이를 권장하고 악한 이를 벌주는 이와 주문을 수호하는 이와, 오방용왕과 용신팔부와 모든 대마왕과 오제五帝 대마大魔와 모든 마왕과, 염라왕과 태산부군과 오도대신五道大神과 18옥주와 그 모든 권속들과, 삼계육도의 무궁무진한 불성

있는 중생들을 위하여 지성으로 시방의 다함없는 삼보님께 귀의하오니, 바라건대 자비하신 마음으로 가피하여 섭수하시며, 부사의한 신통력으로 보호하고 구제하사 천인과 신선들과 일체 신중과 삼계육도의 일체 중생들이 오늘부터 생사의 바다를 건너서 열반의 저 언덕에 이르며, 행과 원이 만족하여 십지에 오르고 금강심에 들어가 등정각을 이루게 하소서.

10. 경연삼보 警緣三寶

동업대중이여, 모두 삼보를 생각해야 하나니, 무슨 까닭인가. 만일 삼보를 알지 못하면 어떻게 인자한 마음으로 중생을 연민하며, 삼보를 알지 못하고야 어떻게 어여삐 여기는 마음으로 일체를 섭수하며, 삼보를 알지 못하고야 어떻게 평등한 마음으로 원수와 친한 이를 한결같이 관찰하며, 삼보를 알지 못하고야 어떻게 지혜를 얻어 무상보리를 증득하며, 삼보를 알지 못하고야 어떻게 이공二空과 진실상眞實相을 분명하게 알겠는가.

부처님이 말씀하시기를, 사람 되기 어렵다 하였으나 이미 얻었고, 신심을 내기 어렵다 하였으나 이미 내었으니, 우리는 이제 삼보께 귀의하여 눈으로는 참기 어려운 고통을 이겨내야 하는 괴로움을 보지 않으며, 귀로는 일체중생의 고통 받고 번민하는 소리를 듣지 말며, 코로는 서로 몸을 고통스레 찢고 고름이 썩는 냄새를 맡지 않으며, 혀로는 썩고 더러운 맛을 맛보지 말며, 몸으로는 병고와 너무 춥고 너무 더워서 참기 어려운 괴로움을 겪지 말며, 뜻으로는 부처님이 자비하신 아버지로서 큰 의사이신 줄 알며, 모든 교법은 중생의 병을 치료하는 약인 줄을 알고, 여러 성현은 모든 중생의 병을 보살피는 어머니인 줄을 알며, 항상 삼보께서 세상을 구호하는 줄을 알아야 하느니라.

우리가 비록 부처님을 뵙지 못하는 말법에 태어났으나, 신심이 있고 육근이 청정하여 마음대로 다닐 수 있으며, 또 금세에 올바르게 살고자 마음을 발하게 되었으니 이러한 이익은 말로 다할 수 없느니라. 이런 과보는 모두 삼보의 은혜이니 어찌 저마다 은혜를 갚아 공양하지 않으리요.

동업대중이여, 모든 공덕 가운데 공양이 제일이니라.

그러므로 경에 말하기를,

"은혜를 갚고자 하면 사찰건립과 불상조성과 탑과 등과 공양과 약품과 의복과 좌복 등, 갖가지로 공양하면 오는 세상에 자연히 복을 받느니라."고 하셨다.

그러나 공양만으로는 부처님의 은혜를 갚지 못하나니, 부처님의 은혜를 갚으려면 보리심을 발하고 사홍서원을 세우며 정토의 행을 닦을지니, 이것이 지혜 있는 이의 은혜를 알고 은혜를 갚는 것이니라.

부처님의 은혜를 갚아야 할 것인데 보살마하살이 몸을 부수어도 만분의 일도 갚지 못하거늘, 하물며 우리 범부가 어떻게 갚으리요. 우리들은 마땅히 경의 말씀을 의지하여 사람을 이롭게 함이 으뜸이 되는 줄을 알아야 할지니라. 지극한 마음으로 시방의 무궁무진한 사생四生의 중생을 위하여 세간의 대자대비하신 부처님과 삼보님께 귀의하오니, 원컨대 자비력과 중생을 덮어 보호하는 힘과 큰 방편의 힘과 부사의한 힘으로 참법을 수행하는 제자들과 법계의 일체 중생들이 세세생생 나는 곳마다 항상 삼보의 이름을 듣고, 삼보의 형상을 보고, 삼보의 광명이 몸과 마음을 비추고, 삼보의 자비로 몸과 마음을 덮어 두호하시고, 항상 삼보의 위신력으로 몸과 마음을 제도하시고, 항상 삼보의 지혜로 마음을 깨우쳐 주시어, 부처님과 같은 깨달음을 증득하고 복덕을 이루게 하소서.

원컨대, 세세생생 나는 곳마다 항상 삼보의 원인을 알고, 항상 삼보의 은덕을 생각하며, 삼보를 칭찬하고, 삼보를 공경하고, 삼보께 공양하고, 삼보를 건립建立하고, 삼보를 호지護持하고, 항상 삼보를 상속케 하소서. 이렇게 삼보를 존귀하게 받드는 공덕으로 은혜를 알고 은혜를 갚으며, 사람마다 각각 육근이 청정하고 오안五眼이 원명圓明하여 사무량심과 사무애지를 행하며, 육신통과 육바라밀이 마음대로 자재하여 미래의 세계가 끝나도록 중생을 이익하게 하며, 행과 원이 원만히 성취되어 모두가 깨달음에 오르게 하소서.

11. 참주사대중懺主謝大衆

우리가 서로 견고한 신심을 내고 보리심을 발하여 물러가지 않으면 이 마음과 뜻을 부처님들이 칭찬하시나니라.

오늘 남의 선행을 크게 기뻐하고, 오는 세상에 이 몸을 버리고 다른 몸을 받아도 서로 잊지 말고 깨달음에 이르도록 영원히 법의 친척과 자비의 권속이 될지니라.

법음이 귀에 스치기만 하여도 공덕의 과보가 여러 겁에 이르고, 한순간의 선행도 오래오래 몸을 돕나니, 뜻이 한결같이 순일하면 이루지 못할 원이 없느니라.

시방의 다함없는 삼보님께 귀의하고 발원하오니 원컨대 오늘의 동업대중과 법계의 일체 중생이 동일한 보리심과 보리원으로 오늘부터 미래의 세계가 다하도록 세세생생에 항상 삼보의 권속이 되며, 함께 지혜와 법의 친척이 되며, 같은 곳에서 인행을 닦고 과를 증득하되 소리와 메아리 같이 응하며, 형상에 그림자가 서로 따르듯이 정토를 장엄하고 부처님을 섬기되 함께 행하며, 중생을 접인하되 힘을 함께 하게 하소서. 법신은 본래 두 체體가 없고 행과 원도 또한 하나이니, 삼신三身*과 사지四智*를 원만히 성취하고 팔해탈과 육신통이 함께 자재하며 모든 사람들을 이익케 하여 깨달음을 성취하게 하소서.

12. 총발대원總發大願

우리가 오늘 참회하고 발심한 공덕 인연으로 시방의 다함없는 모든 천왕과 하늘과 각각 권속들과, 선주仙主와 일체 진선眞仙과 각각 권속들과, 법왕과 제석천과 호세사천왕과 신왕神王과 신장과 각각 권속들과, 총명하고 정직한 이와 천지 허공과 선을 권하고 악을 벌주는 이와 주문을 수호하는 이와 일체의 신왕과 신장과 각각 권속들과, 모든 용왕과 용신팔부와 팔부신왕과 팔부 신장과 각각 권속들과, 아수라왕과 일체 신왕과 일체 신장과 각각 권속들과, 인간의 일체 인왕人 王과 신민과 장수와 각각 권속들과, 시방의 비구 와 비구니와 식차마나와 사미와 사미니와 모든 불제자와 각각 권속들과, 염라왕과 태산부군泰山 府君과 오도대신五道大神과 18옥왕獄王과 일체 신왕 과 일체 신장과 각각 권속들과, 지옥도의 일체 중생과 아귀도의 일체 중생과 축생도의 일체 중생과 각각 권속들과, 시방의 무량한 법계와 미래의 세계가 끝나기까지의 크고 작은 일체 중생과 각각 권속들과, 뒤에 오는 중생과 다른 세계의 중생들까지 모두 대원해에 들어가서 각 각 공덕과 지혜를 원만히 구족하게 하소서.

이러한 삼계의 안과 밖의 무궁무진한 일체 중생의 명색名色에 속해 있는 불성佛性이 있는 이들까지도 공덕과 지혜가 구족하게 하소서.

오늘 저희들은 시방의 무량한 부처님의 대자대비력과, 여러 대보살과 일체 성현의 근본 서원력과, 무량무진한 지혜력과 무량무진한 공덕력과 자재신통력과, 중생을 덮어 두호하는 힘과 중생을 안위하는 힘과, 천인과 신선의 번뇌를 다하게 하는 힘과 일체 선신을 교화하는 힘과, 고통받는 중생을 구제하는 힘과 욕망의 늪에서 허덕이는 이를 위해 일체 중생을 해탈케 하는 힘으로 여러 중생들의 소원이 이루어지기를 바라나이다.

오늘, 저희들이 이어받은 자비도량의 힘과, 삼보에 귀의한 힘과, 의심을 끊고 신심을 낸 힘과, 참회하고 발심한 힘과, 원결을 풀어 없앤 힘과, 스스로 기뻐한 힘과, 용약하고 지극한 마음의 힘과, 발원하고 회향한 선근의 힘으로 모든 중생의 소원이 이루어지게 하소서.

　오늘 저희들이 이어받는 부처님의 자비한 힘과, 시방 제불의 대비하신 힘과, 35불의 번뇌를 멸하는 힘과, 53불의 마군을 항복받는 힘과, 백칠십불〔170佛〕의 중생을 제도하는 힘과, 천불千佛의 중생을 섭수하는 힘과, 12보살의 중생을 보호하는 힘과, 무변신보살·관세음보살의 참법을 유통한 힘으로, 삼계 육도의 미래가 끝날 때까지의 일체 중생으로서 불성이 있는 모든 이들이 지금 참회한 후부터, 각각 부처님과 여러 대보살의 광대한 지혜와 불가사의하고 한없이 자재한 신력의 몸을 얻되, 육도신六度身으로는 보리에 향하고 사섭신四攝身으로는 일체를 버리지 않으며, 대비신大悲身으로는 일체의 괴로움을 제멸하고 대자신大慈身으로는 일체의 낙을 주며, 공덕신功德身으로는 일체를 이익케 하고 지혜신智慧身으로는 설법이 무궁하며, 금강신金剛身으로는 견고하여 남이 파괴하지 못하고 정법신正法身으로는 생사를 여의며, 방편신方便身으로는 자재한 힘을 나타내고 보리신菩提身으로는 일체의 시간에 따라 삼보리三菩提를 이루며, 사생육도의 일체 중생이 모두 이런 몸들을 구족하여 여러 부처님의 무상한 대지혜의 몸을 구족·성취하게 하소서.

원컨대, 시방의 일체 중생들이 금일부터 태어나는 곳에서 각각 부처님과 보살들의 불가사의한 공덕의 입을 얻되, 유연한 입으로는 일체를 안락케 하고, 헛되지 않은 입으로는 진실한 법을 말하며, 진실을 말하는 입으로는 꿈에서라도 헛된 말이 없고, 존중한 입으로는 제석천왕·범천왕을 공경하고 존중하며, 사려 깊은 입으로는 법성을 나타내어 보이고, 견고한 입으로는 불퇴전법不退轉法을 말하며, 정직한 입으로는 변재를 구족하고 장엄한 입으로는 때와 업을 따라 널리 나타내며, 일체지一切智의 입으로는 응할 바를 따라 일체를 자유롭게 하며, 사생육도의 일체 중생들에게 불·보살의 청정한 구업을 구족하게 하소서.

원컨대, 시방의 일체 중생이 오늘부터 태어나는 곳에서 각각 모든 부처님과 보살의 불가사의한 대지혜심을 얻고, 항상 번뇌를 여의려는 마음과 맹리猛利한 마음과 굳센 마음과 금강 같은 마음과 불퇴하는 마음과 청정한 마음과 명료한 마음과 선善을 구하는 마음과 장엄한 마음과 광대한 마음이 있으며, 큰 지혜의 힘이 있어 법을 들으면 스스로 알며, 자비한 마음으로 사람을 대하여 모든 원결을 끊고 보시·지계·인욕·정진·선정·지혜를 수행하는 사람을 보면 환희심을 내며, 원수와 친한 이에게 한결같이 교만한 마음이 없으며, 다른 이의 선악과 장단을 말하지 않으며, 누구든 사이가 좋고 나쁜 것을 전하지 않으며, 부처님의 공덕을 찬탄하고 경전 배우기를 좋아하며, 중생을 애호하되 내 몸과 같이 하여 복을 짓는 이를 보고 비방하지 않고 자비한 마음으로 화합하여 성현·보살들과 함께 등정각을 이루게 하소서.

모든 하늘과 신선과 일체 선신善神은 중생들에게 무량하고 불가사의한 은덕을 베풀고 중생들

과 함께 안락을 누리며 선한 일을 따라 수호하느
니라.

예를 들면,

부처님이 제두뢰타提頭賴陀 사천왕에게 명하여
자비심으로 경 읽는 이를 옹호하게 하되
천자를 법신法臣들이 보호하듯 하게 하며,

이발라伊鉢羅 용왕에게 명하여
자비심으로 경 읽는 이를 옹호하게 하되
자식을 사랑하듯이 밤낮으로 떠나지 않게 하며,

엽파閻婆 나찰자羅刹子와
무수한 독룡과 용녀에게 명하여
자비심으로 경 읽는 이를 옹호하게 하되

정수리를 사랑하듯 건드리지 못하게 하며,

비류륵가왕毘留勒迦王에게 명하여
자비심으로 경 읽는 이를 옹호하게 하되
어미가 아들 사랑하듯, 싫은 맘 없이
밤낮으로 옹호하여 함께 있게 하며,

난타용왕·발난타용왕과
사가라용왕·우바타용왕에게 명하여
자비심으로 경 읽는 이를 옹호하게 하되
공경·공양하고 발에 예경하게 하며,
마치 천인들이 제석천왕 받들 듯
또한 효자가 부모를 공경하듯
자비도량에 안락을 베풀어
중생들로 하여금 법의 친척이 되도록 하며,

후생에 부처님 앞에서 삼매에 들어

필경에 불퇴전의 힘을 얻으며,

부처님의 명호를 듣는 이와

무변신보살·관세음보살의 명호를 들은 이는

일체 악업이 소멸되어

오안을 구족하고 보리를 이루어

모든 하늘과 신왕이

모든 중생들을 염려하고 돕도록 하셨느니라.

동업대중이여, 제천과 신왕이 이러한 은덕으로 중생을 보호하는데 중생들은 발심하여 그 은덕을 갚지 못하도다.

옛사람이 밥 한 그릇 신세를 지고도 목숨을 버리고 몸을 잊었거늘, 하물며 제천선신과 팔부신장이 우리 중생에게 베푸는 은덕이겠는가.

우리가 금일에 참회하고 발심하는 것도 모두 천왕이 신력으로 가피하여 수행자를 도와서 성취케 하는 것이니, 만일 천왕이 돕지 않으면 이런 마음이 벌써 물러갔을 것이니라.

대중이여, 부지런히 수행하는 것이 역시 은혜를 갚는 절차가 될 것이니, 각각 마음을 가다듬어 은혜 갚을 것을 생각하여 허송세월 하지 말고 스스로 반성해야 하느니라. 시기가 사람을 기다리는 것이 아니거늘 목숨인들 어찌 장구하리요. 우리가 한 번 이별하면 다시 만나기를 기약할 수 없으니, 각각 노력하여 다 같이 간절하게 시방의 다함없는 모든 천왕과 일체의 여러 하늘과 권속을 위하여 세간의 대자대비하신 부처님께 발원하나이다.

시방의 다함없는 삼보님께 귀의하오니, 원컨대

자비하신 힘으로 가피하고 섭수하소서. 시방의
모든 천왕과 일체의 하늘과 각각 권속들 앞에
평등한 공혜空慧가 항상 나타나서 지혜와 방편으
로 무루도無漏道를 열며, 십지의 행과 원이 더욱
밝아져서 육바라밀로 마음을 닦고 자비희사로
보살도를 행하며, 부처님의 행처行處에 들어가서
사홍서원으로 중생을 버리지 않고 뛰어난 변재로
요설樂說이 무궁하며, 좋은 방편으로 교화하고
사생을 이롭게 하여 법운지法雲地에 함께 올라
부처님 같은 지혜와 복덕을 구족하게 하소서.

13. 봉위 제선예불奉爲諸仙禮佛

지극한 마음으로 다 같이 간절하게 시방의 다함
없는 모든 선주仙主와 일체 선인과 각각 권속들을

위하여 삼보님께 귀의하오니, 자비하신 힘으로 가피하고 섭수하소서.

바라건대, 모든 선주仙主와 일체 신선과 각각 권속들이 객진번뇌客塵煩惱*를 해탈하고, 인연의 장애를 청정케 하며, 묘색이 고요하여 부처님의 몸과 같으며, 사무량심과 육바라밀이 항상 앞에 나타나고, 네 가지 무애지無碍智와 여섯 가지 신통력이 뜻대로 자재하여 보살의 경지에 출입하고 유희하여 금강심에 들어가 부사의한 힘으로 육도중생을 섭수하게 하소서.

시방의 다함없는 삼보님께 귀의하오니, 자비하신 힘으로 가피하고 섭수하소서. 법천왕·제석천왕·호세사천왕과 각각 권속들의 육바라밀과 사무량심이 밤낮으로 증장하고 네 가지

무애한 변재로 연설함이 그지없으며, 여덟 가지
자재함을 얻고 육신통을 구족하여 자비로 널리
덮어서 백복으로 장엄하고 만 가지 선한 일이
원만하며, 삼달지가 열리고 천안통을 구족한
법륜왕이 되어 육도중생을 교화하게 하소서.

걸림이 없이 경행慶幸함을 진술하였으니
삼보를 경연警緣함이 진실한 일이로다.
서로의 뜻이 순일하여 자존慈尊에게 예배하며
상천上天의 은혜를 보답하려 하나이다.
나무 원행지보살마하살遠行地菩薩摩訶薩 〔3〕

출참出懺

칠불七佛이 자비하시니 귀의하는 이는

18지옥에 떨어지지 않으며

십선계를 수지하는 이는

화락한 천궁에 나게 되리니,

원컨대 자비를 드리워서 정성을 증명하시며

중생을 구제하여

칠보의 연화대에 앉게 하고

한없는 대자비를 드리워

중생의 정성 살피시옵소서.

이제까지 참회하는 저희들

자비도량참법을 수행하여 제6권이 끝나니

공덕이 원만하나이다.

저희들 대중이 입참하고 출참하는데

오직 지혜의 등을 켜고

정성 담은 공양을 올리어,

부처님 보리에 회향하오니

이로 인하여 생기는 공덕으로

참회하는 저희들 모든 업장 소멸하고

대길상을 얻게 하소서.

찬讚

자비참법 6권의 공덕으로

저희들과 망령의 일곱 가지 죄 소멸되고

보살의 원행지遠行地*를 증득하여

참문을 외우는 곳에 일체 죄장이 다 소멸되어

원결을 풀고 복이 더하여

도리천에 왕생하였다가 용화회상에서 다시 만나

미륵부처님의 수기를 받게 하소서.

나무 용화회보살마하살龍華會菩薩摩訶薩〔3〕

거찬擧讚

자비참법 제6권 모두 마치고

사은과 삼유에 회향하오니

참회하는 저희들 수복이 증장하며

망령들은 정토에 왕생하게 하소서.

원행지보살은 어여삐 여겨 거두어 주소서.

나무 등운로보살마하살登雲路菩薩摩訶薩 〔3〕

* 백팔배송을 하시고자 하는 불자님께서는 뒤 367쪽을
  참고하시기 바랍니다.

자비도량참법 제7권

찬讚

세간의 보배로 옛부터 지금에야 전하는 것,

급고독장자가 희사한 기타숲 동산

금륜왕金輪王이 법을 말하여 용궁에 유전하네.

나무 보공양보살마하살普供養菩薩摩訶薩 〔3〕

들사오니,

모든 부처님께서

여덟 가지 모습으로 성도하시니

천년의 어둠을 밝힌 듯하며,

여래께서 팔정도八正道로 교화하시니

감로수가 항하사 세계를 적신 듯하며

사생칠취가 천상에 태어나고

팔부용신이 모두 공경하네.

팔만 대사大士가 교화를 돕고

팔대보살이 항상 호위하며

팔시에 여덟 가지 길상을 얻고

팔해탈, 팔공덕을 갖추었네.

신기한 기밀과 묘한 작용으로

중생의 서원 따라 응하시니

바라건대,

자비를 베풀어 이 불사를 증명하소서.

지금 참회하는 저희들

자비도량참법을 수행하며

이제 제7권의 연기를 당하여 법대로 수지하여

신도들은 더욱 정진하고

사문은 여법하게 훈수하나이다.

향로에는 오분향을 사르고

화병에는 만다라화를 공양하며

옥수玉樹에 등을 켜고

금쟁반에 과실을 담아

부처님께 공양 드리고

한결같은 마음으로 정성을 담아

다생의 죄업을 발로하고

여러 세상 허물을 소멸하려 하옵니다.

생각건대, 참회하는 저희 제자들

알음알이 있은 후부터 지금에 이르기까지

팔정도를 등지고 여덟 가지 삿된 길 향하여

하늘에 서리는 가시덤불 생기었고

팔탐八貪을 따름에 팔해탈을 몰라서

법계에 가득한 공화空華가 생겼으며

팔식으로 반연하는

팔풍八風*의 지배함이 되었고

여덟 가지 때에 물들었으니

팔난八難*을 피하기 어렵나이다.

이제 잘못을 뉘우칠 문이 없어

가슴을 치며 참괴하오니

일승교법一乘教法에 조그만 선을 닦으며

부처님 앞에 정성 드리고 죄과를 발로하여

지성으로 참회하나이다.

크신 자비 우러르나니 가피를 주시옵소서.

티끌 같이 많은 마음 세어서 알고

큰 바닷물 모두 마시며

허공을 측량하고 바람을 얽어매도

부처님의 공덕은 말로 다 못하네.

14. 봉위 아수라도일체선신예불奉爲阿修羅道一切善神禮佛

시방의 다함없는 모든 아수라왕과 일체 아수라와 그 권속들을 위하며, 또 시방의 다함없는 일체의 총명 정직하고 천지 허공에서 선을 권장하고 악을 형벌하는 이와, 주문을 수호하는 이와 팔부신왕과 팔부신장과, 내지 안이거나 밖이거나 가깝거나 멀거나 동서남북 사유四維상하의 무량한 법계에 있는 대신력과 대위덕이 있는 시방의 팔부신왕과 팔부신장과 그 권속들을 위하여 일체 세간의 대자대비하신 부처님께 귀의하고 발원하나이다.

원컨대 자비력으로 가피하고 보호하소서.

바라건대, 아수라왕과 일체 아수라와 그 권속들과 총명 정직한 이와 천지 허공과 선을 권장하고 악을 벌주는 이와 주문을 수호하는 이와 팔부신왕과 팔부신장과 그 권속들이 객진번뇌를 해탈하고 장애가 청정하며, 대승심을 발하고 선행을 닦아서 사무량심과 육바라밀이 항상 앞에 나타나며, 사무애변재와 육신통이 뜻과 같이 자재하여 항상 자비로 중생을 구호하며, 보살도를 행하여 부처님의 지혜에 들어가서 금강심을 얻어 등정각을 이루게 하소서.

15. 봉위 용왕예불 奉爲龍王禮佛

다시 지성으로 시방의 모든 부사의한 용왕과 내지 시방의 안이거나 밖이거나 가깝거나 멀거나 동서남북·사유상하와, 다함없는 법계의 대신족大神足과 대위덕의 힘이 있는 일체 용왕과 일체 용신과 그 권속들을 위하여 세간의 대자대비하신 부처님께 귀의하고 발원하나이다.

원컨대 자비력으로 가피하고 섭수하소서. 모든 용왕과 각각 권속들이 광명이 더욱 빛나고 신통이 자재하여 상相이 없는 지해智解로 인연의 장애를 끊어버리며, 악취를 영원히 여의어 정토에 태어나며, 사무량심과 육바라밀이 항상 앞에 나타나서 사무애변재와 육신통이 뜻대로 자재하고, 자비심으로 모든 이를 건져 묘한 행으로 장엄하고 법운지를 지내며 금강심에 들어가 등정각을 이루게 하소서.

16. 봉위 마왕예불 奉爲魔王禮佛

다시 지성으로 대마왕과 오제대마五帝大魔와 내

지 동서남북과 사유상하와 모든 마왕과 그 권속들을 위하여 일체세간의 대자대비하신 부처님께 귀의하고 발원하나이다.

자비력으로 가피하고 보호하소서. 대마왕과 오제대마왕과 일체 마왕과 그 권속들이 무시이래로 금일에 이르도록 반연하는 모든 장애가 다 청정하고 일체 죄업이 모두 소멸되며, 모든 괴로움을 다 해탈하고 사무량심과 육바라밀이 항상 앞에 나타나며, 사무애지와 육신통력이 뜻대로 자재하여 보살행을 쉬지 않고 먼저 중생을 제도한 후에 성불하게 하소서.

17. 봉위 부모예불 奉爲父母禮佛

다음에는 모름지기 부모의 양육하신 은혜를 생

각할지니, 품에 안고 젖먹이며 차라리 내 몸이 불편할지언정 자식을 편안케 하고, 나이 장성하면 인仁과 예절을 가르치며 올바른 사람 되기를 바라며, 항상 자식을 위해 재산을 아끼지 않으면서도 염려함이 깊어 병이 되고 누워도 편치 못하니, 천하에 그 은혜 들도 없느니라. 그러기에 부처님이 말씀하기를, "천하에 은혜가 부모보다 더한 것이 없다."고 하였으니, 집을 떠난 사람이 부귀와 명성을 얻지 못하더라도 선한 일을 행하여 덕을 쌓으며 맡은 바 소임을 충실히 해가면 능히 부모의 애쓰시던 은혜를 보답하게 되리라.

서로 지극한 마음으로 다 같이 간절하게 기원하오니 식심이 있은 후부터 오늘에 이르도록 여러 생의 부모와 많은 겁의 친연親緣과 모든 권속들을 위하여 세간의 대자대비하신 부처님과 시방의 다함없는 삼보님께 귀의하오니, 원컨대 자비하신 힘으로 가피하고 섭수하소서. 바라건대 부모와 친척과 그 권속들이 금일부터 보리에 이르도록 일체의 죄장과 고통을 해탈하며, 맺힌 습기와 번뇌가 영원히 청정하여 사취四趣를 하직하고 자재하게 왕생하며, 부처님이 앞에 나타나 수기하시며, 사무량심과 육바라밀이 항상 떠나지 않고 사무애지와 6신통력이 뜻대로 자재하며, 부처님의 십력을 얻은 상호로 장엄하고 필경에 등정각을 이루게 하소서.

18. 봉위 과거부모예불奉爲過去父母禮佛

동업대중이여, 이 중에 만일 어려서 부모를 여읜 이가 있으면 아쉬운 생각이 많을 것이나 부모의 영혼이 어느 갈래에 난 줄을 모르는지라, 마땅히 선근을 심어 추천보은追薦報恩할 것이니, 선한 일 하기를 쉬지 않으면 공이 이루어져 정성에 감동할 것이니라.

경에 말하기를, "망인을 위하여 명복을 빌어서 인간에나 천상에 나면 공덕이 증장할 것이요, 삼악도에 나거나 팔난에 있으면 영원히 모든 고통을 벗어날 것이며, 태어나서 부처님을 만났으면 정교正教를 받고 세상에서 뛰어난 깨달음을 얻었을 것이다. 칠세의 선망부모와 여러 겁의 친척들이 근심을 제멸하고 해탈하게 하는 것은, 지혜로운 이가 은혜를 보답하는 최상의 일이니라."고 하였다. 우리가 금일에 마땅히 과거 부모와 누겁의 친연을 위하여 세간의 대자대비하신 부처님과 시방의 다함없는 삼보님께 귀의하오니, 자비하신 힘으로 구호하여 주소서. 바라건 대 과거의 부모와 여러 겁 동안의 권속들이 오늘 부터 도량에 이르도록 모든 죄업과 괴로움이 다 소멸되고, 번뇌로 맺힌 업이 필경에 청정하여 삼장三障의 인연이 끊어지고 다섯 가지 두려움이 없어져서 보살도를 행하여 모든 것을 교화하며, 팔해탈의 마음을 지니고 사홍서원으로 중생을 건지며, 미묘한 법문을 듣고 제자리에 앉아서 모든 번뇌를 소멸하며, 마음대로 여러 부처님 세계에 두루 다니며 행과 원을 성취하여 빨리 정각에 오르게 하소서.

19. 봉위 사장예불奉爲師長禮佛

이미 부모와 친연을 위하여 발원하였으니, 이제

는 스님의 은덕을 생각해야 하리라. 왜냐하면 부모가 우리를 낳아 길렀지만, 능히 악취에서 벗어나게 하지는 못하였다. 그러나 스승은 우리에게 선한 일을 권장하여 수행케 하고, 생사에서 벗어나게 하며, 번뇌를 끊고 길이길이 무위無爲에 있게 한 이러한 은덕을 누가 능히 갚으리요. 설사 종신토록 수행하더라도 다만 스스로 이익할 뿐이요 스승의 은덕을 갚는 것은 아니니라.

그러므로 부처님이 말씀하시기를, "천하의 선지식은 스승보다 수승한 이가 없나니, 자신을 제도하고 다시 남을 제도하기 때문이다."라고 하였느니라.

우리가 이제 다행히 삼보에 귀의하여 부처님의 진리를 만났으니 이런 은혜는 스님에게서 받은 것이다. 어찌 사람마다 이 은혜를 생각지 아니하랴.

지극한 마음으로 정성을 기울여 권속들을 위해 세간의 대자대비하신 부처님과 시방의 다함없는 삼보님께 귀의하오니, 자비하신 힘으로 가피하고 섭수하소서. 바라건대 대덕 큰스님들과 그 권속들이 금일부터 도량에 앉을 때까지 모든 죄장이 다 청정하고 모든 괴로움을 다 해탈하며, 일체의 번뇌를 다 끊어버리고, 마음대로 부처님의 정토에 왕생하여 보리행원을 모두 구족하고 재물의 보시가 무진하며, 법의 보시가 무진하고 복덕이 무진하며, 안락이 무진하고 수명이 무진하며, 지혜가 무진하고 사무량심과 육바라밀이 항상 앞에 나타나며, 사무애지와 육신통이 뜻과 같이 자재하여 수능엄삼매首楞嚴三昧에 머물러서 금강신을 얻어 본래의 서원을 버리지 않고 중생을 제도하게 하소서

20. 위시방비구비구니예불爲十方比丘比丘尼禮佛

시방의 다함없는 법계의 현재와 미래의 모든 불제자와 각각 권속들을 위하며, 또 시방의 모든 불자들의 각각 권속들을 위하며, 그 동안의 시주 단월과 선지식·악지식과 인연 있는 이와 인연 없는 이와 각각 권속들과, 이와 같은 모든 인류와 각각 권속들을 위하여 세간의 대자대비하신 부처님과 시방의 다함없는 삼보님께 귀의하오니, 자비하신 힘으로 가피하고 보호하소서.

바라건대, 시방의 모든 불제자와 각각 권속들과, 지금까지의 시주 단월과 선지식·악지식과, 인연 있는 이와 인연 없는 이와 각각 권속들과, 내지 인도人道의 일체 인류들이 무시이래로 금일에 이르도록 지은 모든 번뇌는 다 끊어지고 모든 업장이 다 청정하며, 모든 죄업이 다 소멸되고 모든 고통을 다 해탈하여 삼장의 업을 여의고 다섯 가지 두려움을 제멸하며, 사무량심과 육바라밀이 항상 앞에 나타나고 사무애지와 육신통력이 뜻대로 자재하며, 보살행을 행하여 일승도에 들어가 일체 중생을 제도하게 하소서.

21. 위시방과거비구비구니예불 爲十方過去比丘比丘尼禮佛

지성으로 시방의 모든 과거의 불제자와 과거의 모든 불자와 시방의 일체 과거 인간세계의 인류와 각각 권속들을 위하여, 오늘 자비심으로 모든 부처님의 마음과 같이 부처님의 서원과 같이 모두를 위하여 세간의 대자대비하신 부처님과 삼보님께 귀의하오니, 자비하신 힘으로 구호하소서. 바라건대 과거의 일체 불자와 각각 권속들과, 과거의 일체 불자들과 각각 권속들로서 만일 마음의 괴로움을 받고 있는 이는 오늘 곧 해탈하며, 몸의 괴로움을 받고 있는 이는 오늘 곧 평안을 얻으며, 무지하여 괴로움을 받고 있는 이는 오늘 곧 지혜를 증득하며 팔난을 여의고 팔복을 받으며, 악도를 버리고 정토에 나서 재물의 보시가 무진하고 법의 보시가 무진하며, 복덕이 무진하고 안락이 무진하며, 수명이 무진하고 지혜가 무진하며, 사무량심과 육바라밀이 항상 앞에 나타나고 사무애지와 육신통력이 뜻대로 자재하여 항상 부처님을 뵈옵고 법문을 들어 보살도를 행하며, 쉬지 않고 용맹정진하여 부처님과 같은 깨달음을 성취하여 모든 중생들을 제도하게 하소서.

찬讚

하늘과 용과 인주人主와

호세사천왕이 두루 안락하니

스님과 부모의 중대한 은혜

이보다 더할 것 없어

보답하려는 뜻과 정성을 모아

시방에 다함없는 삼보에 귀의하나이다.

나무 부동지보살마하살不動地菩薩摩訶薩 〔3〕

출참出懺

팔공덕 연못 중에 천 꽃의 모양 나타나고

팔고八苦의 세계에

만덕이 존승하신 부처님께 귀의하오니,

팔음八音*과 팔인八忍*의 묘한 법문 말씀하시고

팔한八寒 팔열八熱의 엄한 형벌 구제하시네.

대자대비하신 지혜로 감찰하시며

중생들을 연민하시니,

그 은혜 인간과 천상에 가득하고

그지없는 세계에 복을 내리시네.

바라건대, 애민하시고 가피하사

이 좋은 인연 살피소서.

이제까지 참회하고 발원하는 저희들

자비도량참법을 수행하여 제7권이 끝나니

수행하는 단상에 등 켜고 과일 공양과

육법공양을 받들고

정성 다한 공양 올리어

제불보살님大覺金仙*께 이바지하네.

옛날의 명왕제주明王帝主와

충신과 열사와 신선들과

삼계 시방의 사생四生과 구유九有들

무차대회無遮大會*의 법리法利를 입고

유루有漏의 법부를 벗어나며

이러한 이익으로

참회하는 저희 제자들

죄업을 참회하여 없애고 대 길상을 얻나이다.

원하건대,

중생세계의 여덟 가지 삿된 소견 버리고

무루無漏의 지위에서 팔정도八正道*를 행하며,

팔고와 팔난의 재앙은

자비광명 의지하여 소멸되고

팔시八時 팔종八種의 복전을 훈수하여

법력이 원만하니, 티끌마다 자재하고

법문마다 융통하나니

큰 바다에 파도 고요하고
일천 강에 달빛 새롭네.
오온五蘊이 공하지 못하여
함께 참회를 구하나이다.

찬讚

자비참법 7권의 공덕으로
저희들과 망령의 여덟 가지 죄 소멸되고,
보살의 부동지不動地*를 증득하여,
참문을 외우는 곳에 죄업장이 소멸되어,
원결을 풀고 복이 더하여
도리천에 왕생하였다가
용화회상에서 다시 만나
미륵부처님의 수기를 받게 하소서.

나무 용화회보살마하살龍華會菩薩摩訶薩 〔3〕

거찬擧讚

자비참법 제7권 모두 마치고

사은과 삼유에 회향하오니

참회하는 저희들 수복이 증장하며

망령들은 정토에 왕생하게 하소서.

부동지보살은 어여삐 여기사 거두어 주소서.

나무 등운로보살마하살登雲路菩薩摩訶薩 〔3〕

＊백팔배송을 하시고자 하는 불자님께서는 뒤 367쪽을
   참고하시기 바랍니다.

자비도량참법 제8권

찬讚

일백팔[108]이여,

경을 수지하여 장도藏圖에 가득하니

재앙을 소멸하고 수명을 연장하는

약사유리광불과 비로자나불의

마음 안에 있는 유가부瑜伽部*와

대승경전과 아미타불께서

남방용녀가 보리에 이르는 길을 증명하나니.

나무 보공양보살마하살普供養菩薩摩訶薩 〔3〕

들사오니,

도道가 구천九天의 범천왕보다 뛰어나고

이름이 세상의 대웅大雄이시며

공功은 구유九有의 중생을 초월하니

명호를 조어사調御師*라 하시네.

구유九幽의 세계에서 고통을 멸하며

구품연대에 중생을 섭수하기도 하고

아홉 단계의 차례를 일념에 뛰어넘고

구계의 색신을 인연 따라 보이시나니

광명은 법계에 두루하고

도력은 중생계를 초월하나니

만행의 장엄을 드리우사

구시의 불사를 증명하소서.

지금 환희하는 저희 제자들

자비도량참법을 수행하며

이제 제8권의 연기를 당하여

향·연등·꽃·과일·차·쌀과 의복 등

갖가지 공양으로

삼보전에 공양하오며

모든 생각 씻어버리고

지성으로 발로참회하오니

법신과 법성은 고요하고

법안法眼을 원명圓明하게 하소서.

자마금신紫磨金身을 나투시며

백옥명호白玉明毫를 빛내시니

예배하여 귀의하옵니다.

애민히 섭수하사

멸하지 못한 죄를 제멸케 하시고

참회하지 못한 허물 참제케 하소서.

생각건대, 참회하는 저희들

수없이 많은 겁을 지내도록

혼미한 곳에서 돌이키지 못하여

멋대로 허망한 짓을 하고

스스로를 칭찬하고 남을 훼방하며

남에게는 해롭게, 자기는 이롭게 하나니

혹은 말(斗)과 저울을 속이고

혹은 술과 색으로 혼미하며

티끌세상에 짧은 즐거움을 탐하여

지옥의 극심한 고통 면치 못하나니

이제 돌이켜 허물 뉘우치고

다행히 공경하는 마음을 내어

진정한 복전에 귀의하고

참문을 의지하여 참회하며

크신 자비를 빌어 가피를 청하나이다.

22. 위아비지옥예불爲阿鼻地獄禮佛

삼보께 귀의한 후부터 여기 이르도록 만법이 차별하며 공용功用이 한결같지 않으니, 인의仁義를 수행하면 좋은 데 나고 잔해殘害를 일으키면 나쁜 곳에 나느니라. 좋은 곳에 사는 이는 업이 선한 까닭이니 자연히 즐거움을 받아 더없이 자유롭고, 나쁜 곳에 떨어지는 이는 업이 나쁜 까닭으로 항상 채우려 하나 이루어지지 않으며 하는 일마다 처음은 있으나 결과는 없음이니 그 고통은 길고 끝이 없느니라.

끝없는 고통은 부모 자식도 대신 받을 수 없나니, 영원히 이 몸 떠나면 식심이 저곳에 나게 되어, 오래 고통 받으며, 비록 고통을 면하더라도 다시 아귀에 태어나 입으로 불을 토하며,

목숨을 온전히 보전치 못하고 죽어서 축생에 떨어져 갖가지 고통을 받으며, 살은 남의 잔치와 교자상에 공급되느라 제명대로 살지 못하고, 혹 무거운 짐을 싣고 멀리 달리며 험난한 데로 몰려다니나니, 실로 고통으로 긴 밤을 새기 어려우니라. 좋고 나쁜 것이 현저하건만, 믿는 이가 없고 '나'라는 자만심으로 의혹을 일으키며 의혹 때문에 다분히 선한 일을 하지 못하느니라.

그러므로 부처님 말씀에, "선한 일로 공덕을 닦지 않으면 음식을 탐내는 주린 호랑이 같으며, 주색에 빠져 성내기를 좋아하며, 항상 우치하여 남의 충고를 듣지 않고 제 역량대로 나쁜 일을 함부로 하며, 살생하기를 좋아하고 연약한 이를 업신여기며, 악인과 당파를 지어 다른 이를 침해하고 말하는 것이 진실하지 않으며, 모든 이를 사랑하지 않고 악업을 일으키나니, 이런 사람은 오래 살지 못하고 죽어 악도에 들어가느니라."고 하셨다.

부처님의 말씀과 같이 대중은 이 뜻을 깨달아 방일하지 말고 시간을 다투어 보살도를 행할지니라. 바른 법을 부지런히 구하여 중생을 이롭게 하면, 첫째는 스스로 죄를 멸하고, 둘째는 다른 이의 복을 증장케 하리니, 자기도 이롭고 남도 이롭나니라. 서로서로 용맹심을 내고 견고한 마음과 자비심을 내며, 모든 중생을 제도하고 구제하려는 마음으로 도량에 앉을 때까지 이 소원을 잊지 말지니라. 시방의 모든 부처님과 대보살들의 대신통력과 대자비력과 지옥을 해탈하는 힘과, 아귀를 제도하는 힘과 축생을 구제하는 힘과, 대신주력과 대위맹력을 받들면 하는 일과 소원을 성취하게 되리니, 고통 받는 중생과 갖가지 장애로 헤매이는 일체 중생들을 위하여 우리들은 보리심과 보리행과 보리원으로써 그들을 대신하여 세간의 대자대비하신 부처님과 시방의 다함없는 삼보님께 귀의하오니, 자비력으로 구제하여 접인하소서. 바라건대, 모든 장애에서 벗어나지 못하고 고통 받는 중생이 부처님의 힘과 보살의 힘과 일체 성현의 힘으로 고통에서 곧 해탈하여 모든 죄장을 소멸하고 다시 고통의 업을 짓지 않으며, 고난에 나지 않고 정토에 왕생하며, 고통의 명命을 버리고 지혜의 명을 얻으며, 고통의 몸을 버리고 금강신을 얻으며, 일체 고통을 버리고 열반의 즐거움을 얻으며, 고난의 괴로움을 생각하고 보리심을 발하여 사무량심과 육바라밀이 항상 앞에 나타나며,

사무애지와 육신통력이 뜻과 같이 자재하여 지혜를 구족하고 보살도를 행하며, 용맹정진하여 쉬지 않고 닦아 나아가 십지의 행을 만족하고 금강심에 들어가 등정각을 이루게 하소서.

시방의 다함없는 삼보님께 귀의하오니, 자비력으로 가피하고 구제하소서. 바라건대, 현재 고통 받는 일체 중생들이 다 해탈을 얻어 모든 괴로움의 과보가 영원히 소멸되고 고난과 고통의 업보가 청정해져서 금강신을 얻으며, 고통과 장애를 버리고 열반의 즐거움을 얻으며, 탐욕의 고통과 괴로움을 생각하고 보리심을 발하여 정각을 이루게 하소서.

시방의 다함없는 삼보님께 귀의하오니, 자비

력으로 가피하고 구제하소서.

현재 고통 받는 중생들의 일체 죄장이 모두 소멸되어 다시 고통에 떨어지지 않으며, 정토에 생을 얻어 지혜의 명을 얻으며, 사무량심과 육바라밀이 항상 앞에 나타나고 사무애변과 육신통력이 뜻과 같이 자재하여, 끝없는 고통과 장애에서 벗어나 열반의 도를 얻어 여래와 같은 정각을 이루게 하소서.

시방의 다함없는 삼보님께 귀의하오니, 자비력으로 가피하고 구호하소서.

바라건대, 일체 지옥과 그에 딸린 액난에서 고통 받는 중생들이 곧 해탈하여 모든 고통이 끊어져서 고통의 연緣을 여의고 지혜가 나며, 액난의 고통을 생각하고 보리심을 발하며, 보살행을 쉬지 않고 일승도에 들어가 십지행이 원만하며, 신통력으로 일체 중생을 접인하여 함께 정각에 오르게 하소서.

시방의 다함없는 삼보님께 귀의하오니, 자비력으로 가피하고 섭수하소서.

바라건대, 현재 고통 받는 중생들이 곧 해탈을 얻으며, 수없이 많은 액난에서 지금 고통을 받는 이와 장차 고통 받을 일체 중생이 부처님의 힘과 법의 힘과 보살의 힘과 성현의 힘으로 함께 해탈을 얻어, 영원히 여러 지옥의 업이 끊어지고 오늘부터 도량에 이르도록 다시 삼악도에 떨어지지 않으며, 몸을 버리고 몸을 받을 적에도 항상 부처님을 만나 지혜를 구족하여 청정하고 자재하며, 용맹하게 정진하여 쉬지 않고 닦아

나아가 십지의 행을 만족하고 금강심에 오르며,
부처님의 지혜에 들어가 부처님의 위신력으로
마음대로 자재하게 하소서.

23. 위아귀도예불爲餓鬼道禮佛

다시 지성으로 시방의 다함없는 모든 아귀도餓鬼
道의 아귀신 등과 일체 아귀와 그 권속들을 위하
여 우리들은 오늘 보리심으로 세간의 대자대비
하신 부처님과 시방의 다함없는 삼보님께 귀의
하오니, 자비력으로 가피하고 섭수하소서. 원컨
대 동서남북·사유상하와 다함없는 시방법계
의 모든 아귀도의 일체 아귀신과 각각 권속들의
모든 죄장을 다 소멸하며, 모든 고통을 해탈하고
몸과 마음이 청정하여 다시 번뇌가 없고, 몸과

마음이 배불러서 다시 기갈이 없으며, 감로를 얻고 지혜의 눈이 열리며, 사무량심과 육바라밀이 항상 앞에 나타나고 사무애지와 육신통력이 뜻과 같이 자재하여 아귀도를 떠나 열반에 들어가 모든 부처님과 함께 정각을 이루게 하소서.

24. 위축생도예불爲畜生道禮佛

지극한 마음으로 귀의하고 발원하오니, 동서남북·사유상하와 시방의 모든 축생도의 사생四生의 중생과 크고 작은 수륙공계水陸空界의 일체 중생과 그 권속들을 위하여 세간의 대자대비하신 부처님께 귀의하고 시방의 다함없는 삼보님께 발원하오니, 자비력으로 가피하고 섭수하소서.

　동서남북·사유상하의 모든 축생도의 중생과

그 권속들의 일체 죄장을 소멸하고 모든 고통을 다 해탈하여 함께 악취를 버리고 도과道果를 얻으며, 몸과 마음이 삼선천三禪天과 같이 안락하고 사무량심과 육바라밀이 항상 앞에 나타나며, 사무애지와 육신통력이 뜻과 같이 자재하여 축생도를 여의고 열반도에 들어가며, 금강심에 올라서 등정각을 이루게 하소서.

25. 위육도발원爲六道發願

저희들은 지금 천인과 신선과 용신팔부를 위하여 발원한 공덕의 인연으로 시방의 사생육도의 미래세계가 끝나기까지, 오늘부터 보리에 이르도록 다시는 형체를 잘못 받아 온갖 고초를 받지 않으며, 다시는 십악과 오역죄를 지어 삼악도에 들어

가지 않고, 지금의 발원한 공덕을 힘입어 보살마하살과 같은 몸과 청정한 구업을 얻으며, 보살마하살의 대지大地와 같은 마음으로 모든 선근을 내고 바다와 같은 마음으로 부처님들의 지혜의 법을 받아 지니며, 수미산 같은 마음으로 모든 이들이 무상보리에 머물고 마니보배 같은 마음으로 번뇌를 멀리 여의며, 금강 같은 마음으로 모든 법을 결정하고 견고한 마음으로 마군과 외도들이 능히 파괴하지 못하며, 연꽃 같은 마음으로 삿된 법에 물들지 않고 태양 같은 마음으로 모든 어리석은 장애를 제멸하고 허공 같은 마음으로 걸림 없는 선행을 짓기 원하옵니다.

사생육도의 모든 중생들이 오늘부터 인식하는 성품을 생각하며, 신해하는 성품을 생각하여 희론戲論을 버리고 법문을 생각하며, 가진 것을

모두 보시하되 아끼는 마음이 없으며, 마음이
용맹하여 겁약한 생각이 없고 수행한 공덕을
여럿에게 보시하며, 삿된 도에 들어가지 않고
일심으로 정도를 향하며, 선한 일은 보살의 화현
化現 같이 여기고 악한 일은 꿈과 같이 여기며,
생사를 버리고 삼계에서 벗어나 깊고 묘한 법을
분명하게 관찰하며, 모든 부처님께 공양하되
일체 공양구가 다 만족하며, 모든 법보에게 공양
하되 일체 공양구가 다 만족하고, 모든 보살에게
공양하되 일체 공양구가 다 만족하며, 모든 성현
에게 공양하되 일체 공양구가 다 만족하고, 뒤에
오는 일체 중생 모두가 대원해에 들어가 공덕과
지혜를 성취하고 부처님의 신력으로 마음대로
자재하여 여래와 함께 정각을 이루게 하소서.

26. 경념무상警念無常

우리들이 이미 육도를 위하여 예참하고 발원하였으니, 이제는 모름지기 세상이 무상함을 깨달을지니라. 삼세의 죄와 복은 원인과 결과로 생기는 것이니, 그림자와 메아리 같이 서로 부합하여 어길 수 없느니라.

바라건대, 대중들은 무상함을 깨달아서 부지런히 선업을 닦을지니라. 지혜 있는 이는 천만 년 동안 오욕락을 누리더라도 필경에는 삼악도의 고통을 면하지 못하는 것을 항상 탄식하느니라.

또, 세간은 환상이며 의혹이니 마침내 변하는 것이므로 있는 것은 없어지고 높은 것은 떨어지며, 모이면 헤어지고 태어나면 죽는 것이니라. 부모 형제와 처자 권속의 사랑이 뼈에 사무치나

목숨을 버릴 때는 서로 대신할 수 없고 고관대작과 부귀영화와 돈과 보물도 사람의 수명을 연장할 수 없는 것이니라.

경에 말씀하기를, "죽는 것은 없어지는 것이다. 숨이 끊어지고 정신이 떠나면 몸은 쓸모없는 것이니, 인간이나 모든 물질이 태어나는 것은 죽지 않는 것이 없으며, 목숨이 끊어질 때에 무한한 고통을 받나니, 내외 육친은 둘러앉아 통곡하고 죽는 이는 황황하여 의지할 곳을 모르느니라. 신체가 허냉하며 기운이 끝나려 할 때 평생에 지은 선악의 업보가 눈에 가득한데, 선한 일을 한 사람은 천신이 보호하고 악한 일을 한 사람은 우두옥졸이 몰아가나니, 옥졸과 나찰은 조금도 용서가 없고 부모와 효자도 서로 구할 수 없으며, 남편과 아내 사이의 은혜와 사랑도

어쩔 수 없느니라.

그때에 죽는 사람은 한량없는 고통이 한꺼번에 모여들며 정신이 산란하여 취한 듯, 미친 듯할 때에, 그때서야 한 생각 선한 마음을 일으켜 복을 지으려 한들 한탄만 마음속에 있을 뿐 어찌할 수 없나니, 이런 고통을 누가 대신할 수 있으리요." 하였다.

열반경에 이르되, "죽은 이는 험난한 곳에서 양식은 없고 갈 길은 먼데 동행자도 없이 밤낮으로 가지만 끝이 없고, 깊고 어두운 데 들어가도 막는 이가 없고 도달하고도 벗어나지 못하나니, 살아서 복을 닦지 못하면 죽어서는 고통 받는 곳으로 가게 되어 괴로움을 피할 수 없나니, 이렇듯 악의 과보가 사람을 두렵게 하느니라." 고 하였다.

동업대중이여, 생사의 과보는 고리 같아서 끝이 없으며, 고혼이 혼자 가는데 보는 사람도 없고 찾을 사람도 없으며 의지할 물건도 없느니라. 그러므로 오직 노력하여 수고로움을 무릅쓰고 괴로움을 참으며, 사무량심과 육바라밀을 부지런히 닦아서 여러 갈래로 혼자 다니는데 자량資糧을 삼을 것이요 강건하다고 안심할 것이 아니니라.

　각각 지극한 마음으로 다 같이 간절하게 세간의 대자대비하신 부처님께 귀의하고 시방의 다함없는 삼보님께 발원하오니, 자비력으로 가피하고 두호하소서. 바라건대, 오늘 참회하는 저희들이 금일부터 보리에 이르도록 모든 죄의 원인과 괴로운 과보가 모두 제멸되고, 맺힌 업이 필경에는 청정하여 여러 부처님의 법회에 항상 참여하며, 보살도를 행하여 자재하게 태어나되 자비희사와 육바라밀을 마음대로 수행하며, 사무애변과 육신통이 모두 만족하고 백천 삼매가 한 생각에 나타나서 총지문總持門에 들어가 빨리 도량에 올라 등정각을 이루게 하소서.

27. 위집로운력예불爲執勞運力禮佛

다시 지성으로 자비심을 일으키고 원수라든가 친하다는 생각이 없으며, 오늘 설익은 모든 것을 돌이켜 익게 하고, 노동하기를 기뻐하며, 운력하여 복업 닦음을 도와주는 이와 각각 권속들을 위하며, 이 세상의 감옥에 갇혀 근심하고 곤액困厄을 당하는 이와, 모든 형벌을 집행하는 이들이 비록 사람은 되었으나 편안한 날은 적고 고통이 많으며, 칼을 씌우고 수갑을 채우는 것과 같이 몸과 마음의 고통이 떠날 때가 없고, 중죄로 죽게 될 것을 구원할 이가 없는 이러한 중생과 그 권속들을 위하여, 우리들은 자비한 마음으로 일체 세간의 대자대비하신 부처님께 귀의하고 시방의 다함없는 삼보님께 발원하오니, 자비하신 힘으로 가피하고 두호하소서.

바라건대, 금일에 동참하는 이와 따라 기뻐하는 이와 그 권속들이 오늘부터 보리에 이르도록 모든 죄업이 소멸되고 일체 고통을 해탈하며, 수명이 연장되고 몸과 마음이 안락하며, 영원히 재액을 여의고 다시 번뇌가 없으며, 대승심을 발하고 보살행을 닦으며, 육바라밀과 자비희사가 모두 구족되어 생사의 괴로움을 버리고 열반의 즐거움을 얻으며, 또 감옥과 여러 가지 형벌과

죄수들을 가두는 일과, 근심과 곤액과 모든 질병으로 자유롭지 못한 이와 그 권속들이, 지금 그를 위하여 예불한 공덕과 위력으로 모든 괴로움을 다 해탈하고 악업의 대상들을 끊어버리고, 감옥에서 벗어나 선한 법문에 들어가 수명이 무궁하고 지혜가 무진하고 몸과 마음이 삼선천과 같이 즐거우며, 감옥의 고통을 생각하고 부처님의 은혜를 염念하며, 나쁜 행을 고치고 선한 일을 닦아서 대승심을 발하고 보살도를 행하며, 금강세계에 들어가 일체 중생을 제도하여 함께 정각에 올라 신통력이 자재하게 하소서.

28. 발회향發廻向

이미 발심하여 할 일을 다 했으니, 이제는 모름지

기 이전의 공덕으로 회향심을 발하리라. 무슨 까닭인가. 모든 중생이 능히 해탈하지 못함은 다 과보에 집착하여 놓지 못하는 까닭이니, 경에 이르기를, "수행하여 회향하는 것이 큰 복전이 된다."고 하였느니라.

그러므로 오늘 마땅히 회향하고, 여럿에게 권하여 과보에 집착하지 말게 할지니라. 서로서로 지극한 마음으로 세간의 대자대비하신 부처님께 귀의하고 시방의 다함없는 삼보님께 발원하오니, 원컨대 자비하신 힘으로 가피하고 두호하사 일체의 행과 원을 모두 원만케 하소서.

대발회향법 代發廻向法

동업대중이여, 서로 호궤 합장하고 크게 독송할

지니라.

시방의 천인과 신선들이 갖고 있는 공덕의 업을
내가 지금 그를 위해 회향하여
함께 깨달음의 문에 돌아가며

시방의 용과 귀신들이 갖고 있는 훌륭한 선업을
내가 지금 그를 위해 회향하여
함께 일승—乘의 도에 돌아가며

시방의 모든 인간세계의 왕이 닦은 보리의 업을
내가 지금 그를 위해 회향하여
함께 무상보리에 돌아가며

육도의 중생들이 갖고 있는 조그만 선업도

내가 지금 그를 위해 회향하여

함께 반야지에 돌아가며

시방의 불제자와 선래비구善來比丘의 무리와

집착함이 없는 네 무리의 사문과

연각을 구하는 이들이

드러나거나 은밀하게 중생을 교화하며

인연법을 분명히 밝히고 아는

이러한 모든 것을 다 불도로 회향하며

시방의 모든 보살들이 경을 독송하고 수지하며

선정에 들고 선정에서 나오는

모든 선善을 권하며 행하던

이러한 삼승三乘들의 모든 공덕의 근본을

모두 중생에게 회향하여

함께 무상도에 돌아가며

하늘에서나 인간에서나
성인의 도를 닦은 모든 선업을
모두에게 권하여 회향하고
함께 무상도에 돌아가며

발심하고 참회하여
스스로 행하고 남에게도 권하여 행한
그러한 털끝만한 복이라도
모두 회향하여 중생에게 돌리며

부처 되지 못한 중생이 있으면
보리원을 버리지 않고
모든 이가 다 성불한 후에

정각에 오르려 하오니
원컨대 부처님과 보살과
무루無漏의 여러 성인들은
이 세상에서나 후생에서나
섭수하여 주시옵소서.

　서로 지극한 마음으로 부모 친척을 위하여 회향
하고 스승과 도반을 위하여 회향하며, 시주 단월
과 선지식 · 악지식을 위하여 회향하고 호세사
천왕을 위하여 회향하며, 시방의 마왕을 위하여
회향하고, 총명 정직한 사람과 천지 허공과 선을
권장하고 악을 벌하는 이와, 주문을 수호하는
이와 오방용왕과 용신팔부를 위하여 회향하며,
감추어졌거나 나타난 일체 영기靈祇를 위하여
회향하고, 시방의 다함없는 모든 중생을 위하여

회향할지니라.

오직 원하오니, 시방의 제천과 신선들과 용신
팔부와 일체 중생이 금일부터 보리에 이르도록
항상 무상無常을 알아 집착하지 않게 하소서.

찬讚

삼악도의 혹심한 고통
괴로움 감당키 어렵나니
한 생각으로 말미암아 재앙을 부른 것,
세상의 무상함을 경책하고
대의왕大醫王에게 기원하여
자비한 교화가 길이 유전할지어다.
나무 선혜지보살마하살善彗地菩薩摩訶薩 〔3〕

출참出懺

이제까지 참회하는 저희들

자비참법을 수행하려고

제8권을 당하여,

부처님께 머리 조아려 귀의하오며

전단향을 사루고 좋은 과실을 이바지하며

차를 달여 혼침한 맛을 깨우고

등을 켜서 캄캄한 밤을 깨뜨려

모두 회향하옵나니,

참회하는 저희들

업장을 소멸하고 길상을 얻게 하며

극락세계에 오르려 하오니

얽혀 맺힌 죄업은 이제부터 풀리고

어두운 악취에서 헤매는 일 초월하여

구지九地의 견혹見惑에 걸리지 말고

구품의 연화세계에 빨리 이르러

아홉 가지 공로 초월하고

아홉 가지 덕을 장엄하게 하소서.

두 번 세 번 정성 드리오나

망정妄情이 어긋날까 두려워

거듭거듭 참회하나이다.

찬讚

자비참법 8권의 공덕으로

저희들과 망령의

아홉 번 맺힌 죄 소멸되고

보살의 선혜지善慧地*를 증득하여

참문을 외우는 곳에 죄의 꽃이 스러지며,

원결을 풀고 복이 더하여

도리천에 왕생하였다가

용화회상에서 다시 만나

미륵 부처님의 수기를 받게 하소서.

나무 용화회보살마하살龍華會菩薩摩訶薩〔3〕

거찬擧讚

자비참법 제8권 모두 마치고

사은과 삼유에 회향하오니

참회하는 저희들 수복이 증장하며

망령들은 정토에 왕생하게 하소서.

선혜지보살은 어여삐 여겨 거두어 주소서.

나무 등운로보살마하살登雲路菩薩摩訶薩〔3〕

＊백팔배송을 하시고자 하는 불자님께서는 뒤 367쪽을
 참고하시기 바랍니다.

자비도량참법 제9권

찬讚

육법공양과 함께

옷을 공양하오니,

명주와 비단과 갑사

용녀는 금실로 수건을 짜고

바사익왕은 가사를 희사하고

마명보살이 신통을 서원했네.

나무 보공양보살마하살普供養菩薩摩訶薩 〔3〕

듣사오니,

열 가지 명호를 구족하신 석가세존

연꽃 위에서 정각 이루시고

열 가지 몸 갖추신 조어사調御師

티끌 속에서 법륜 굴리시니

광명이 시방에 두루하고

방편은 십지十地를 초월하시네.

십바라밀十波羅蜜*을 구족하여

십대원왕十大願王이라 칭하나니,

바라건대, 크신 자비로 통촉하옵소서.

지금 참회하고 발원하는 저희 제자들

자비도량참법을 수행하오며

이제 제9권의 연기를 당하여

일편단심으로 열 가지 공양 차리어

거룩하신 삼보께 받들어 올리고

9권의 참문을 수련하오며

십과十科의 참법을 따라

십전+纏의 죄를 풀려 하나이다.

생각건대, 저희들이

과거에 지은 원인으로 금생에 과보 받음에

십선+善의 정인正因을 모르고

십악업+惡業을 지었사오니,

십전+纏에 얽힌 것 쇠사슬 같고

열 가지 습기로 익혀온 일

불에 덤비는 나비와 같아

애견愛見을 잊지 못하고

탐심은 만족하기 어려워

불같은 성냄으로 보리의 종자를 태우고

세월이 오래 되고서야

비로소 옛날의 잘못을 이제야 깨달으니,

지금 참회의 문을 얻어 삼보를 의지하고

참문을 읽으며

엄숙히 불사를 닦고

거듭거듭 생각을 가다듬고 정성을 다하오니

부처님,

자비를 드리워 명훈가피 하소서.

29. 보살회향법 菩薩廻向法

우리들이 피로함을 견디고 고통을 참으며, 이 같이 무량한 선근을 닦았으니, "내가 닦은 선근 으로 일체 중생을 이익케 하여 여러 중생들을 청정케 하며, 내가 참회한 선근으로 모든 중생들 이 지옥과 아귀와 축생과 염라왕들의 한량없는 괴로움을 제멸하고, 이 참법이 모든 중생들의 큰 저택이 되어 괴로움을 멸하며, 큰 구호자가 되어 번뇌를 해탈케 하고, 귀의할 곳이 되어 공포를 여의게 하며, 크게 머물러 있을 갈래가 되어 지혜에 이르게 하고 안락한 곳이 되어 구경의 안락을 얻게 하며, 밝은 빛이 되어 어둠을 멸하고 큰 등불이 되어 밝고 깨끗한 곳에서 머물게 하며, 큰 도사가 되어 방편문에 들어가 청정한 지혜를 얻게 하소서."라고 할지니라.

이 같은 모든 법으로 보살마하살은 원수와 친한 이를 위하여 여러 가지 선근으로 함께 회향하며, 모든 중생을 평등하게 관찰하여 원수라든가 친하다는 생각이 없으며, 항상 사랑하는 눈으로 모든 중생을 보느니라. 만일 중생이 보살에게 악하고 거역하는 마음을 품어도 보살은 참 선지식이 되어 마음을 조복하고 깊은 법을 연설하나니, 마치 큰 바다를 온갖 독으로도 능히 파괴할 수 없는 것과 같느니라. 보살은 항상 그와 같이 우치하고 지혜가 없는 중생이 악한 마음을 갖더라도 능히 보살의 자비심을 동요할 수 없느니라. 마치 태양이 모든 중생에게 두루 비추듯 보살의 자비심도 그와 같아서 나쁜 사람이라고 해서 물러가는 것이 아니며, 중생을 조복하기가 어려워도 선근을 버리지 않느니라.

보살마하살이 갖가지 선근으로 신심이 청정하여 자비를 기르고 모든 중생을 위하여 환희심과 밝고 깨끗한 마음과 부드러운 마음과 자비한 마음과 사랑하는 마음과 거두어 주는 마음과 이익케 하는 마음과 안락케 하려는 마음과 가장 훌륭한 마음을 내는 선근으로 회향하느니라.

보살마하살이 이러한 선근을 발하여 회향하나니, 우리들도 금일에 이와 같은 회향심을 배워서, "내가 지닌 회향의 공덕으로 모든 중생이 청정한 갈래를 얻고 청정한 생명을 얻어 공덕과 지혜가 그지없으며, 신구의身口意 삼업을 구족하여 항상 여러 부처님을 뵈옵고 깨뜨릴 수 없는 신심으로 정법을 듣고 기억해 지니고 잊어버리지 않아 신구의 삼념三念이 청정하며, 마음이 항상 승묘한 선근에 머물고 영원히 가난을 여의어 일곱 가지 재물이 충만하며, 모든 보살이 배우던 것을 배워 여러 가지 선근을 얻으며, 평등을 성취하여 묘한 해탈과 일체종지一切種智를 얻고, 여러 중생이 자비한 눈을 얻으며 몸이 청정하고 변재가 그지없으며, 모든 중생들이 선근을 내어 깊은 법에 들어가 부처님과 같이 머물고 회향하는 모든 일이 시방의 보살마하살의 회향하는 마음과 같아서 광대하기 법성法性과 같으며 구경에는 허공과 같게 하소서."라고 발원할지니라.

원컨대 저희들도 이러한 소원을 성취하여 보리원을 만족하며, 사생육도 모두의 소원이 뜻과 같기를 원하며, 거듭 정성을 더하여 삼보님께 귀의하오니, 자비하신 힘으로 가피하시고 섭수하사 회향하는 마음을 성취케 하소서. 저희들이 만약 대 죄업을 지어서 갖가지 고초를 받으며 악도 중에서 능히 벗어나지 못하고 금일의 보리심 발한 것을 어기고 보리행을 어기며 보리원을 어기게 되거든, 시방의 지위가 높은 보살과 일체 성인이 자비심으로 저희들을 삼악도 중에서 구제하되 평등한 원을 만족하고, 일체 중생의 생로병사와 근심과 괴로움과 무량한 액난을 제도하여 청정케 하며, 선근을 구족하고 끝내는 해탈케 하며, 모든 악마의 무리를 여의고 악지식을 멀리하게 하고 선지식과 참된 권속을 친근하여 정법을 성취하며, 모든 고통을 멸하고 보살의 무량한 행원을 구족하고 부처님을 뵙고 환희하여 일체지$_{一切智}$를 얻어 다시 일체 중생을 제도하게 하소서.

30. 발원發願

이미 회향을 발하였으니 다음은 마땅히 이러한 원을 발할지니라. 대개 모든 악의 일어남이 다 육근으로 비롯되느니라. 육근은 모든 화禍의 근본이지만 또한 무량한 복업을 일으키나니, 승만경에 말하기를, "육근을 수호하여 몸과 입과 뜻을 깨끗이 하면 선근善根을 생기게 하는 근본이 된다."고 하였으니, 그러므로 육근에 대하여 큰 서원을 발할지니라.

(1) 안근眼根의 원을 발함

원컨대, 참회하고 발원하는 모든 대중과 시방의 사생육도의 일체 중생들이 오늘부터 보리에 이르도록, 눈으로는 만족할 줄을 모르는 탐욕의 대상을 보지 않으며, 아첨하고 왜곡하고 망령된 세계를 보지 않으며, 때리고 성내고 남을 괴롭히는 것을 보지 않으며, 중생을 도살하고 상해하는 것을 보지 않으며, 우치하고 신용 없는 것을 보지 않으며, 겸손하지 않고 조심성 없는 교만한 것을 보지 않으며, 갖가지 삿된 소견을 보지 않으며, 오직 일체 중생이 오늘부터 항상 시방에 상주하는 법신의 담연湛然한 빛을 보며, 32상의 자금색신을 보고 80종호의 빛을 보며, 모든 하늘과 신선이 보배를 받들고 와서 꽃처럼 뿌리는 것을 보며, 입으로 오색의 광명을 내어 설법하여 제도하는 것을 보며, 분신을 나투어 시방에 가득 차는 것을 보고, 부처님이 육계肉髻의 광명을 놓아 인연 있는 이들이 와서 모이는 것을 보며, 시방의 보살·벽지불·아라한 등 여러 성현을 보며, 모든 중생과 권속들이 함께 부처님을 관하는 것을 보며, 거짓 없는 선한 일만 보며, 깨달음의 깨끗한 경계를 보며, 묘한 해탈의 경계를 보며, 금일 이 도량의 대중이 환희하여 법을 찬탄하고 정대頂戴하는 광경을 보며, 사부대중四部大衆*이 둘러앉아 법문 듣고 우러러보는 광경을 보며, 보시·지계·인욕·정진의 바라밀 경계를 보며, 고요하게 생각하고 지혜를 닦는 것을 보며, 일체 중생이 무생법인을 얻어 수기를 받고 환희하는 것을 보며, 모든 중생이 금강혜에 올라서 무명을 끊고 보처補處에 이르는 것을 보고, 모든 이들이 법의 흐름에서 물러나지 않는 것을 보게 하소서.

안근眼根의 원을 발했으니, 자비하신 힘으로 가피하고 두호하사 저희들로 하여금 보리원을 원만히 이루게 하소서.

(2) 이근耳根의 원을 발함

원컨대, 동업대중과 시방의 사생육도의 일체 중생이 오늘부터 보리에 이르도록, 통곡하고 수심하여 슬프게 우는 소리를 듣지 않으며, 몸에 병고로 인하여 고통 받는 소리와 신음하는 소리를 듣지 않으며, 칼로 찢고 베는 소리를 듣지 않으며, 온갖 고통으로 괴로워하는 소리를 듣지 않으며, 굶주리고 답답하여 먹을 것을 찾아도 얻지 못하는 소리를 듣지 않으며, 행동할 때 뼈마디마다 오백 수레가 굴러가듯 하는 소리를 듣지 않으며, 축생들이 고통 받는 소리를 듣지 않으며, 빚을 지고 갚지 못하여 근심과 두려움으로 고통 받는 소리를 듣지 않으며, 사랑하는 것을 떠나게 되고 미운 것을 만나게 되는 여덟 가지 고통 받는 소리를 듣지 않으며, 갖가지 병으로 앓는 소리를 듣지 않으며, 여러 가지 나쁜 소리를 듣지 않으며, 오직 모든 중생이 오늘부터 항상 부처님이 설법하는 여덟 가지 음성만을 들으며, 무상하여 내가 없다는 소리만 들으며, 팔만사천의 바라밀 소리만 들으며, 모든 법은 이름만 있을 뿐 거짓이어서 성품이 없다는 소리만 들으며, 부처님이 일음—音으로 설법하면 각각 깨닫는 소리만 들으며, 일체 중생이 다 불성이 있어 법신이 항상 머물러 멸하지 않는 소리만 들으며, 십지보살이 인욕하고 정진하는 소리만 들으며, 무생의 깨달음을 얻고 부처님의 지혜에 들어가 삼계를 뛰어넘는 소리만 들으며, 법신보살들이 법의 흐름에 들어 생각마다 만행을 구족하는 소리만 들으며, 시방의 벽지불과 아라한의 사과四果의 소리만 들으며, 제석천이 여러 천인들을 위하여 반야경을 설하는 소리만 들으며, 십지의 보처補處에 있는 보살이 도솔천궁에서 물러나지 않는 지위의 법과 행을 설하는 소리만 들으며, 모든 선이 함께 돌아가 부처가 된다는 소리만 들으며, 일체 중생이 능히 십선을 행하면 찬탄하면서 따라 기뻐하는 부처님의 소리만 듣게 하소서.

이근耳根의 원을 발하였으니, 자비하신 힘으로 가피하시고 섭수하사 저희 모두가 보리원을 만족케 하소서.

(3) 비근鼻根의 원을 발함

원컨대 동업대중과 시방의 사생육도의 일체 중생이 오늘부터 보리에 이르도록 코로는 항상 살생하여 만든 음식 냄새를 맡지 않으며, 사냥하거나 불을 놓아 중생을 살해하는 냄새를 맡지 않으며, 사람의 몸속에 있는 갖가지 더러운 것의 냄새를 맡지 않으며, 사람을 현혹케 하는 냄새를 맡지 않으며, 병들어 가까이 갈 수 없는 냄새를 맡지 않으며, 원컨대 대중과 육취6趣중생이 오늘부터 코로는 항상 시방세계의 우두전단牛頭栴檀의 향기를 맡으며, 우담발라의 오색 꽃향기를 맡으며, 환희원歡喜園에 있는 여러 꽃나무의 향기를 맡으며, 도솔천궁에서 설법하는 때의 향기를 맡으며, 시방 중생들의 오계五戒와 십선과 육념을 행하는 향기를 맡으며, 일곱 가지 방편의 사람七方便人*이 행하는 모든 선행의 향기를 맡고, 시방의 벽지불·아라한의 모든 덕의 향기를 맡고, 사향사과四向四果의 사람이 무루를 얻는 향기를 맡고, 무량한 보살의 환희지歡喜地, 이구지離垢地, 발광지發光地, 염혜지燄慧地, 난승지難勝地, 현전지現前地, 원행지遠行地, 부동지不動地, 선혜지善慧地, 법운지法雲地의 향기를 맡으며, 여러 성인의 계향·정향·혜향·해탈향·해탈지견향 등 오분법신의 향기를 맡으며, 모든 부처님의 보리의 향기를 맡으며, 37도품*과 12인연과 육바라밀의 향기를 맡으며, 대비大悲 · 십력十力* · 사무소외四無所畏* · 18불공不共*의 향기를 맡으며, 팔만사천 바라밀의 향기를 맡고 시방의 무량하고 지극히 오묘한 법신이 상주하는 향기를 맡게 하소서.

비근鼻根의 원을 발하였으니, 자비하신 힘으로 가피하고 섭수하사 저희들의 소원을 이루며 보리원을 만족케 하소서.

(4) 설근舌根의 원을 발함

원컨대 동업대중과 시방의 사생육도의 일체 중생이 이제부터 보리에 이르도록 혀로는 항상 모든 중생의 몸을 살상한 것을 맛보지 않으며,

중생들의 골수와 피를 맛보지 않으며, 원수가 독약 섞은 것을 맛보지 않으며, 탐애와 번뇌를 생기게 하는 것을 맛보지 않으며, 항상 감로로 된 아름다운 것을 맛보며, 자연히 나는 음식을 맛보며, 향적세계의 향기로운 밥을 맛보며, 부처님들이 드시는 것을 맛보며, 법신의 계戒와 정定과 혜慧로 훈수한 음식을 맛보며, 법희法喜와 선열禪悅의 맛을 맛보며, 무량한 공덕으로 혜명慧命을 자양하는 화평한 것을 맛보며, 해탈의 일미一味를 맛보고 여러 부처님의 열반락인 최상의 맛을 맛보게 하소서.

설근舌根의 원을 발하였으니, 자비하신 힘으로 애민하여 두호하사 저희들의 소원을 이루고 보리원을 만족케 하소서.

(5) 신근身根의 원을 발함

원컨대 동업대중과 시방의 사생육도의 일체 중생이 오늘부터 보리에 이르도록 몸으로는 항상 오욕으로 삿되게 아첨하는 감촉을 느끼지 않으며, 갖가지 고통으로 오는 감촉을 느끼지 않으며, 축생들이 가죽을 벗기고 살을 찢어 고통받는 감촉을 느끼지 않으며, 갖가지 병의 모든 괴로운 감촉을 느끼지 않으며, 매우 뜨겁고 매우 차가워 견디기 어려운 감촉을 느끼지 않으며, 흉기나 독약 등으로 해롭게 하는 감촉을 느끼지 않으며, 목마르고 배고픈 괴로움의 모든 감촉을 느끼지 않고 항상 제천의 좋은 의복의 감촉을 느끼며, 자연으로 되는 감로의 감촉을 느끼며, 청량하여 차지도 덥지도 않은 감촉을 느끼며,

굶주리지도 목마르지도 않고 병도 없고 괴로움도 없는 강건한 감촉을 느끼며, 누워도 편안하고 깨어도 편안하여 근심 걱정이 없는 감촉을 느끼며, 시방의 부처님 정토의 서늘한 바람이 부는 감촉을 느끼며, 시방의 부처님 정토의 칠보 못에서 몸과 마음을 씻는 감촉을 느끼며, 생로병사의 괴로움이 없는 감촉을 느끼며, 자재하게 보살들과 함께 법문을 듣는 감촉을 느끼고 부처님 열반의 여덟 가지 자재한 감촉을 느끼게 하소서.

신근身根의 원을 발하였으니, 자비하신 힘으로 두호하사 저희들의 소원을 이루고 보리원을 만족케 하소서.

(6) 의근意根의 원을 발함

원컨대 동업대중과 시방의 사생육도의 일체 중생이 오늘부터 보리에 이르도록 뜻으로는 항상 탐욕과 성냄과 어리석음이 근심거리가 됨을 알며, 살생·투도·음행·망어·기어·양설·악구가 근심거리가 됨을 알며, 아버지와 어머니와 아라한을 죽인 것과 부처님 몸을 파괴한 것과 승단僧團의 화합을 깨뜨린 것과 삼보를 비방함과 인과를 믿지 않음이 무간지옥의 죄임을 알며, 사람이 죽으면 다시 윤회輪廻하는 법을 알며, 악지식을 멀리하고 선지식을 친근할 줄을 알며, 삼루三漏와 오개五蓋와 십전十纏의 법이 장애가 되는 줄을 알며, 삼악도가 무서운 줄을 알고, 악업을 혹독한 고통으로 갚는 것인 줄을 알고,

항상 일체 중생이 모두 불성이 있음을 알며, 모든 부처님이 대자대비한 아버지이며 위가 없는 의사이며, 일체 존법尊法이 중생의 병에 대한 좋은 약이며, 일체 성현이 여러 중생의 병을 간호하는 어머니임을 알며, 삼보에 귀의하고 오계를 받고 십선을 행함이 천상 인간의 수승한 과보임을 알며, 생사를 면하지 못하였거든 정법을 닦아야 할 줄을 알며, 사제四諦가 평등·무상하므로 사과四果를 이루는 줄을 알며, 총상總相과 별상別相*이 일체종지의 법임을 알며, 12인연*이 삼세의 인과로써 바퀴 돌듯이 쉬지 않음을 알며, 육바라밀을 수행하여 팔만사천의 번뇌를 끊을 줄을 알며, 무생을 체달하여 생사를 끊어야 할 줄을 알며, 십주十住의 계품階品을 차례로 구족할 줄 알며, 금강심으로 무명을 끊고 무상과無上果를 증득하여 만덕이 원만히 갖추어져서 대열반을 이룸을 알며, 불지佛地의 십력과 사무소외四無所畏와 18불공법과 무량한 공덕과 무량한 지혜와 무량한 선법을 알게 하소서.

　의근意根의 원을 발하였으니, 자비하신 마음으로 애민히 여기시고 두호하사 저희들의 소원과 보리원이 만족케 하소서.

(7) 구원口願을 발함

원컨대 동업대중과 시방의 사생육도의 일체 중생이 오늘부터 보리에 이르도록 입으로 항상 삼보를 훼방하지 말며, 불법을 펴는 사람을 비방하지 말며, 선한 일을 해도 즐거운 과보를 받지 못하고 나쁜 일을 해도 괴로운 과보를 받지 않는

다고 말하지 말며, 사람이 죽으면 다시 태어나지 않는다고 말하지 말며, 삿된 소견으로 외도가 지은 경전을 말하지 말며, 사람으로 하여금 십악 업과 오역죄를 짓게 하지 말며, 남의 악을 드러내지 말며, 사람으로 하여금 삿된 스승이나 귀신을 믿게 하지 말며, 부모와 스승과 어른과 선지식을 비난하지 말며, 사람에게 악을 지으라 권하지 말며, 사람의 복 짓는 일을 장애하지 말고 입으로 항상 삼보를 찬탄하며, 법을 널리 펴는 사람을 찬탄하고 그 공덕을 말하여 사람들에게 선과 악의 과보를 보이며, 깨달은 사람은 몸이 죽어도 신명神明은 멸하지 않음을 말하며, 선한 말을 하여 사람을 이익케 하며, 일체 중생이 불성이 있으므로 상常·낙樂·아我·정淨을 얻는다 말하며, 사람들로 하여금 부모에게 효도하고 스승과 어른을 공경하게 하며, 삼보에 귀의하도록 권하여 오계五戒*와 육념六念을 받아 지니게 하며, 경전 독송함을 찬탄하며, 사람들로 하여금 선지식을 가까이하고 악지식을 멀리하게 하며, 보살의 십주十住와 여래 지위의 무량한 공덕을 말하며, 사람들로 하여금 정토의 행을 닦아서 위없는 과를 증득케 하며, 사람들로 하여금 삼보에 예경하고 불상을 건립하여 공양을 받들게 하며, 사람들로 하여금 선한 일 하기를 머리에 붙은 불을 끄듯 하게 하며, 사람들로 하여금 궁핍하고 괴로워하는 이를 항상 구제하게 하소서.

구원口願을 발하였으니, 자비하신 힘으로 두호하사 저희들의 소원과 보리원을 만족케 하소서.

(8) 제행법문諸行法門

원컨대 시방의 다함없는 법계의 사생육도의 중생들이 지금 발원한 후부터 모든 행의 법문을 구족하되, 삼보를 굳게 믿고 공경하는 법문과, 의혹을 품지 않는 견고한 법문과, 나쁜 짓을 끊는 참회의 법문과, 청정하려고 뉘우치는 포살의 법문과, 삼업을 훼방하지 않는 호신護身의 법문과, 네 가지 일을 깨끗이 하려는 호구護口의 법문과, 마음을 쉬고 청정하게 하려는 호의護意의 법문과, 서원을 구족하는 보리의 법문과, 일체를 상해하지 않은 비심悲心의 법문과, 교화하여 덕을 세우는 자심慈心의 법문과, 다른 이를 헐뜯지 않는 환희의 법문과, 남을 속이지 않는 지성至誠의 법문과, 삼악도를 없애려는 삼보의 법문과, 마침내 허망하지 않는 진실의 법문과, 나와 남이 교만하지 않는 법문과, 미루지 않고 끊고 맺는 것을 잘하는 법문과, 투쟁할 뜻을 끊는 무쟁無諍의 법문과, 받들어 행하기를 평등하게 하는 응정應正의 법문을 구족케 하소서.

원컨대, 중생이 이 같이 무량한 법문을 구족하려면 심취心趣의 법문으로 마음이 환술과 같음을 관하며, 의단意斷의 법문으로 선하지 않은 근본을 버리며, 신족神足의 법문으로 몸과 마음이 가볍고 편하며, 신근信根의 법문으로 물러가지 않으며, 진근進根의 법문으로 선한 수레를 버리지 않으며, 염근念根의 법문으로 도업道業을 지으며, 정근定根의 법문으로 정도正道에 마음을 두며, 혜근慧根의 법문으로 무상하고 공함을 관하며, 신력信力의 법문으로 마군의 위세를 초월하며,

진력進力의 법문으로 한 번 가고는 돌아오지 않으며, 염력念力의 법문으로 조금도 잊어버리지 않으며, 정력定力의 법문으로 모든 망상을 멸하며, 혜력慧力의 법문으로 주선하고 왕래하며, 진각進覺의 법문으로 불도를 행하며, 정정正定의 법문으로 삼매를 얻으며, 정성淨性의 법문으로 삿된 법을 즐기지 않으며, 모든 중생이 보살마하살의 이러한 백팔 법문을 구족하여 불도를 청정케 하며, 간탐한 이를 권하여 갖가지 악한 팔난에 있는 이를 제도케 하며, 다투고 성내는 사람을 섭수하여 선한 일을 부지런히 행하게 하며, 게으른 이를 거두어 선정의 힘으로 생각이 산란함을 거두어 부처님 회상에 노닐기를 발원하오며 시방의 다함없는 삼보님께 귀의하오니, 자비하신 힘으로 구호하사 삼계의 중생들이 지금 자비도량참법에서 발심하고 발원한 공덕으로 덕과 지혜를 구족하고 신통력이 자재케 하소서.

31. 촉루嘱累

이미 사생육도의 중생들을 위하여 서원을 발하였으니, 다음은 중생들을 모든 대보살에게 부촉할지니라.

원컨대 자비심으로 가피하고 섭수하소서. 지금 참회하고 발원한 공덕과 자비의 염력으로, 일체 중생이 가장 높은 복전을 구하여 깊은 신심으로 부처님께 공양하고 무량한 과보를 얻으며, 일체 중생이 일심으로 부처님께 무량하고 청정한 과보를 얻으며, 일체 중생이 부처님 처소에 있어, 간탐하는 마음이 없고 보시를 구족하여 아끼는 것이 없으며, 일체 중생이 부처님 계신 곳에서 가장 높은 복전을 닦아 보살도를 행하여 걸림없는 해탈과 일체종지를 얻으며, 일체 중생이 부처님 계신 곳에서 무진한 선근을 심고 부처님의 무량한 공덕과 지혜를 얻으며, 일체 중생이 깊은 지혜를 닦아서 청정하고 위가 없는 대지혜를 구족하며, 일체 중생이 다니는 곳마다 자재하여 여래의 지위에 이르는 무애한 위신력을 얻으며, 일체 중생이 대승을 섭취하여 무량한 종지種智를 얻고 평안히 머물러 동하지 않으며, 일체 중생이 제일의 복전을 구족하여 모두가 일체지지一切智地*를 낳고, 일체 중생이 모든 선근을 심어 부처님의 지혜를 구하며, 일체 중생이 묘한 방편으로 장엄된 부처님의 세계에 가서 일념一念 중에 법계에 들어가되 장애가 없으며, 일체 중생이

무변한 몸을 얻고 시방세계에 두루 다니되 고달
픔이 없으며, 일체 중생이 광대한 몸을 성취하여
자재함을 얻으며, 모든 부처님의 신력으로 장엄
함을 얻어 깨달음의 언덕에 이르며, 일념 중에
여래의 자재하신 신력을 나투어 허공계에 변만
하게 하소서.

이미 이러한 큰 원을 발하였으니, 광대하기가
법성과 같고 구경에는 허공과 같아서 서원과
보리원을 만족케 하소서.

서로 지극한 마음으로 발원하오니, 만일 저희
들이 괴로운 과보로 중생을 구제할 수 없거든,
이 모든 중생들을 법계의 무생법신보살과, 법계
의 발심보살과, 정법을 일으킨 마명대사보살과,
상법像法을 일으킨 용수대사보살과, 무변신보
살, 관세음보살, 문수사리보살, 보현보살, 일체

청정 대해중보살 마하살께 부탁하나이다.

이와 같은 시방의 모든 보살에게 부탁하옵나니, 원컨대 여러 보살마하살은 본원의 힘과 중생을 제도하려는 힘으로 시방의 무궁무진한 일체 중생을 섭수하시어 일체 중생이 보살의 은혜를 알고 친근히 공양하게 하며, 자민慈愍하게 섭수하여 중생들이 정직한 마음으로 보살을 따르고 떠나지 않게 하며, 일체 중생이 보살의 가르침을 따라 견고한 마음을 얻게 하며, 선지식을 버리지 않고 마음을 파괴하지 않으며, 모든 중생들이 선지식을 위하여 신명을 아끼지 않고 그 교화를 어기지 않게 하며, 모든 중생들이 대자대비를 익혀서 나쁜 것을 여의고 부처님의 정법을 듣고 모두 받아 지니게 하며, 모든 중생들이 보살들의 선근 업보와 같고 보살의 행원과 같아 구경에는 청정케 하며, 신통을 구족하여 뜻대로 자재하며, 대승을 의지하여 일체종지를 구족하되 중간에 게으름이 없으며, 지혜의 법을 의지하여 평안한 곳에 이르러, 무애한 법을 얻어 구경에 자재케 하소서.

삼보에 귀의함으로 의심을 끊고 신심을 내며, 참회하고 발심하여 원결을 풀며, 발원하고 회향하며 부촉하기에 이르기까지 지은 공덕을 모두 시방의 모든 중생에게 회향하옵니다.

원컨대 미륵세존이시여, 저희들을 위하여 증명하시며, 시방의 모든 부처님께서는 애민하고 두호하여 참회하고 발원한 것을 다 성취케 하시며, 모든 중생이 자비하신 부처님과 함께 이 국토에 나서 첫 회에 참여하여 법문 듣고 도를 깨달으며, 공덕과 지혜를 모두 구족하여 보살들

과 같이 차별 없이 금강심에 들어가 등정각을
이루게 하소서.

찬불축원讚佛祝願

무량한 복덕과 지혜로 장엄하시어 십호+號를
구족하시고 무량한 사람을 제도하사 생사고에
서 구해주시나이다. 지금 참회하고 예불한 공덕
으로 모든 중생이 각각 서원과 보리원을 만족케
하소서.

저희들이 오늘 발한 서원이 시방의 다함없는
부처님과 대보살이 세우신 서원과 같사옵니다.
모든 부처님과 보살이 세우신 서원이 끝날 수
없기에 저희 서원도 그와 같아서 광대하기 법성
과 같으며, 구경에 허공과 같으며, 미래제를 다

하고 일체 겁이 끝나도록 중생이 다할 수 없으므로 저희 원도 다할 수 없으며, 세계를 다할 수 없으므로 저희 원도 다할 수 없으며, 허공을 다할 수 없으므로 저희 원도 다할 수 없으며, 법성을 다할 수 없으므로 저희 원도 다할 수 없으며, 열반을 다할 수 없으므로 저희 원도 다할 수 없으며, 부처님 출세를 다할 수 없으므로 저희 원도 다할 수 없으며, 모든 부처님의 지혜를 다할 수 없으므로 저희 원도 다할 수 없으며, 마음의 반연을 다할 수 없으므로 저희 원도 다할 수 없으며, 일어나는 지혜를 다할 수 없으므로 저희 원도 다할 수 없으며, 세간의 도종道種*과 법의 도종과 지혜의 도종을 다할 수 없으므로 저희 원도 다할 수 없나니, 만일 이 열 가지를 다할 수 있다면 저희 원도 다할 수 있나이다.

삼승三乘의 거룩한 이들에게 지극한 예경을 올리나이다.

찬讚

피곤함 무릅쓰고 참례하여
부처님의 자비를 바라옵나니,
육근六根의 원만한 서원이 여기 있어
모든 행을 굳게 지니며, 보리에 회향하여
사람을 제도하는 스승에게 부탁하나이다.
나무 법운지보살마하살法雲地菩薩摩訶薩〔3〕

출참出懺

십신의 상호 우뚝하고 뛰어나

움직이지 않는 자금산紫金山이며

십호의 능인能人 훤출하여

원만한 벽옥碧玉의 모습이요,

신통으로 널리 응하시어

미묘한 교화 방소方所가 없네.

장애가 없는 광명을 펴서

뒷날의 불사를 증명하소서.

시방의 부처님께 정례하오며

십악의 허물을 뉘우쳐 없애고자 하나이다.

이제까지 참회하는 저희들

자비도량참법을 수행하여

제9권을 다하였으니

참회하는 단상에 등을 켜서 찬란하고,

꽃을 흩어 장엄하고,

차와 과실 올려 공양하며

갖가지 공훈功勳을 펴 정성 드리고

간 곳마다 불사에 예경하나이다.

크고 정중한 마음으로 정성껏 회향하오니

시방의 부처님과 삼장三藏의 경전과

오안五眼의 벽지불과 육신통의 아라한과

천상의 진인眞人과 지하地下의 성현과

수중水中의 현철과 양계陽界의 성인,

사부四部를 모두 통하나니

무변한 심령이시여,

범부의 정성 살피시어 선한 인연 증명하소서.

참회하는 저희들 미세한 허물까지 씻어버리고

무변한 복리를 성취하려 하오니

보리 동산에 꽃이 핀 듯

티끌마다 해탈문이 열리고

곳곳마다 진여眞如의 작용이 드러나며

원수와 친한 이들 두루 요익하고
법부와 성인이 함께 의지하니
참회하는 좋은 인연 함께 맺고
참되고 항상한 도를 같이 증득하나니
부족한 글로 참회하나
미세번뇌 없어지지 않을 듯하여
다시 불보살님께 청하여 참회를 구하며
발원하나이다.

찬讚

자비참법 9권의 공덕으로
저희들과 망령의 십전十纏의 죄가 소멸되고
보살의 법운지法雲地를 증득하여
참문을 외우는 곳에 죄의 꽃이 스러지며,

원결을 풀고 복이 더하여

도리천에 왕생하였다가

용화회상에서 다시 만나 수기를 받게 하소서.

나무 용화회보살마하살龍華會菩薩摩訶薩〔3〕

거찬擧讚

자비참법 제9권 모두 마치고

사은과 삼유에 회향하오니

참회하는 저희들은 수복이 증장하고

망령들은 정토에 왕생하게 하소서.

법운지보살은 어여삐 여기사 거두어 주소서.

나무 등운로보살마하살登雲路菩薩摩訶薩〔3〕

卍 부처님께 귀의할 때

바라오니

모든 중생 큰 도리를 이해하고

위없는 마음 내게 하소서.

卍 가르침에 귀의할 때

바라오니

모든 중생 삼장三藏 속에 깊이 들어

큰 지혜를 얻게 하소서.

卍 스님께 귀의할 때

바라오니

모든 중생 많은 대중 통솔하여

온갖 장애 없게 하소서.

☺ 모든 거룩한 이에게 예경하나이다. ☺

＊백팔배송을 하시고자 하는 불자님께서는 뒤 367쪽을
참고하시기 바랍니다.

회향품 제10권

37가지 수행법

지금까지 참회하고 발원한 공덕으로

37가지 수행을 이루고자 발원하오니

제불보살님 증명하여 주소서

이 수행을 이루어 부처님의 대원과 같고

부처님의 자비와 같아서

일체중생과 더불어

불보살님 회상에 도달하고자 하오니

굽어살펴 주시옵소서

나무 청정법신 비로자나불

나무 원만보신 노사나불

나무 천백억화신 석가모니불

나무 서방정토극락세계 아미타불

나무 문수보살

나무 보현보살

나무 관세음보살

나무 대세지보살

나무 지장보살

나무 금강장보살

나무 일체청정보살 마하살

제불보살님께 귀의하오며

보호주이신 관세음보살님께 귀의합니다.

비록 제법의 오고감이 없음을 보시지만

오직 중생을 이롭게 하시려는

부처님과 보호주이신 관세음보살님께

몸과 입과 마음을 하나로 모아서

정성을 기울여 간절히 정례하나이다.

모든 복덕과 행복의 근원이신 부처님도

바른 법을 수행하여 오셨는데도

그 행할 바를 더욱 바르게 하기 위하여

진리에 의지하셨으므로

보살수행에 대하여 우리도 부처님과 같이

진리에 의지하고 수행하여

깨달음에 이르고자 받아 지니옵니다.

1. 다행히도 사람의 몸을 얻었으니

나와 다른 이들도

윤회의 거친 파도에서 벗어나기 위하여

밤낮으로 항상 게으름 없이

듣고 받아 지녀 이해하고
실천하여 닦아 나아감이 보살의 수행이라네.

2. 친한 이를 향한 집착과 욕망은 물처럼 일렁이고
적을 향한 분노는 불처럼 타오르니
취할 것과 버려야 할 것을 수행하여
어두운 무명을 버리는 것이 보살의 수행이라네.

3. 나쁜 경계를 멀리하면
마음의 장애가 점점 줄어들고
산란함이 없으면 선업은 저절로 늘어나며
마음을 밝힘으로써 진리에 대한 확신이 일어나니
적정처寂靜處*에 의지하는 것이
보살의 수행이라네.

4. 오랫동안 함께한 인연과도 헤어져야 하고

애써 모은 재산도 남겨 두어야 하며

끝내는 마음도 몸을 버리고 가나니

어느 것에도 애착하지 않는 것이

보살의 수행이라네.

5. 함께하면 오히려 삼독(貪瞋痴)이 늘어나고

쌓아온 공덕과 닦아가는 나의 생활이 허물어지며

아울러 자비심마저 사라지게 하는

이러한 벗을 여의는 것이 보살의 수행이라네.

6. 어떤 이에 의지하면 허물은 점점 줄어들고

달이 차오르듯 복덕은 늘어나나니

이런 훌륭한 선지식을 나의 몸보다 더

소중히 여기는 것이 보살의 수행이라네.

7. 자신 역시 윤회의 감옥에 매여 있는

세속의 신들이

과연 누구를 보호할 수 있으랴.

그러므로 귀의하면 헛됨이 없는

삼보에 귀의하는 것이 보살의 수행이라네.

8. 어떤 일에 자꾸 장애가 생기며

고난을 만나는 것은

모두가 자신이 지은 악업의 결과라고

세존께서 말씀하셨나니

비록 목숨을 버려야 하는 대가를 치루더라도

끝내 악업을 짓지 않는 것이 보살의 수행이라네.

9. 삼계의 행복은 풀잎 끝에 이슬 같아서

한순간 생겼다 사라지는 것이니

결코 변하지 않는 진리를 찾아
행복에 이르는 깨달음의
진리를 구하는 것이 보살의 수행이라네.

10. 시작이 없는 오래 전부터
자애로웠던 모든 어머니들이 고통 속에 있는데
자신의 행복이 무슨 소용이 있으랴.
그러므로 무수한 유정을 자유롭게 하기 위해
보리심을 일으키는 것이 보살의 수행이라네.

11. 모든 고통은
나만의 행복을 원하는 데서 생겨나고
원만하신 부처님은
남을 이롭게 하려는 마음에서 탄생하셨나니
그러므로 나의 행복을 다른 이의 고통을 위해

진정으로 바꾸는 것이 보살의 수행이라네.

12. 설령 어떤 이가 탐욕에 이끌려

나의 재물을 모두 빼앗거나

혹은 다른 이로 하여금 빼앗아 가더라도

오히려 나의 몸과 재물과 삼세의 선근공덕마저

그에게 회향하는 것이 보살의 수행이라네.

13. 나에게 티끌만큼의 잘못이

없음에도 불구하고

만약 어떤 이가 나의 머리를 벤다 하여도

자비의 힘으로 그의 허물을

내가 대신 받는 것이 보살의 수행이라네.

14. 어떤 이들이 나를 두고 비방하는 말을

삼천세계에 두루 퍼트릴지라도
오히려 나는 자애로운 마음으로
그의 덕성을 찬탄하는 것이 보살의 수행이라네.

15. 많은 대중들 속에서 어떤 이가
나의 은밀한 잘못을 들추어내고 욕할지라도
도리어 그를 진리의 도반道伴으로 생각하여
겸손히 공경하는 것이 보살의 수행이라네.

16. 자식처럼 사랑하며 아껴온 사람이
어느 날 나를 원수처럼 여기더라도
어머니가 중병에 걸린 외아들을 대하는 것처럼
더욱 큰 자애를 베푸는 것이 보살의 수행이라네.

17. 나와 비슷하거나 부족한 사람이

아만심으로 나를 멸시하고 핍박하여도
스승을 공경하는 것과 같이 귀하게 모시는 것이
보살의 수행이라네.

18. 생활이 빈곤하고 다른 사람의 멸시를 받으며
혹독한 질병과 고난에 휩싸이더라도
모든 중생의 악업과 고통을 내가 받아들이며
결코 좌절하지 않는 것이 보살의 수행이라네.

19. 명성이 높고 사람들의 존경을 받으며
천하를 부릴 만한 재복을 얻을지라도
세속의 명예와 부귀는 영원하지 않음을 알아서
자만하지 않는 것이 보살의 수행이라네.

20. 내 마음에 분노의 적을 다스리지 못한다면

외부의 적을 물리쳤어도 더욱 늘어만 가리니
사랑과 자비라는 군대의 힘으로
나의 마음을 다스리는 것이 보살의 수행이라네.

21. 감각적인 즐거움은 소금물과 같아서
아무리 많이 누리더라도
갈망은 더욱 늘어만 가나니
탐착을 일으키는 모든 것들을
즉시 끊어버리는 것이 보살의 수행이라네.

22. 모든 현실은 내 자신의 마음이 드러난 것
마음 자체는 본래 희론戱論을 벗어난 것인데
이를 바르게 알아서 주체主體와 객체客體의 구별을
마음에 드러내지 않는 것이 보살의 수행이라네.

23. 나를 기쁘게 하는 대상을 만났을 때

여름날의 무지개처럼 아름답게 보이나

진실로 존재하는 것이 아님을 알아서

집착을 끊어버리는 것이 보살의 수행이라네.

24. 모든 고통은

마치 꿈속에서 자식이 죽는 것과 같은데도

착란錯亂하여 드러남을 진실인 듯 여기나니

얼마나 힘들고 지치는가.

어렵고 힘든 상황에 부딪혔을 때에 그 또한

허망한 환상으로 보는 것이 보살의 수행이라네.

25. 깨달음을 성취하기에

나의 몸을 기꺼이 버려야 한다면

그 외의 다른 것들은 말해 무엇하리요.

보답이 좋은 과보마저도 바라지 않고
아낌없이 보시하는 것이 보살의 수행이라네.

26. 계행이 없으면
나의 이익조차도 구하지 못하는데
다른 이를 이롭게 한다는 것은 우스운 일이네.
올바른 생활습관을 실천하여
우리 모두 지키고 보호하는 것이
보살의 수행이라네.

27. 선한 업을 쌓으려는 보살에게
갖가지 해악은 오히려 고귀한 보물과 같나니
모든 이들에게 분노나 악의를 품지 않고
인욕을 닦는 것이 보살의 수행이라네.

28. 오직 나의 이익만 추구하는 이들도
머리에 일어난 불을 끄는 것처럼 매진하나니
일체 중생을 위하여 환희로운 마음으로
온갖 공덕의 본원인 나를 닦는 것이
보살의 수행이라네.

29. 깊은 삼매를 통해 터득한 승묘한 관觀으로써
일체 모든 번뇌를 끊을 수 있음을 알아
사무색정四無色定마저도 초월한
선정을 닦는 것이 보살의 수행이라네.

30. 일체 공덕을 갖추어 있더라도 지혜가 없이는
완전한 깨달음을 이룰 수 없기에
모든 분별상을 멸하여
무심의 지혜를 닦는 것이 보살의 수행이라네.

31. 나의 잘못을 세심하게 관찰하지 않으면

잘못된 것도 알지 못하고 행할 수 있나니

항상 나의 잘못을 명확히 알아차려서

끊어 없애는 것이 보살의 수행이라네.

32. 미혹한 마음으로 다른 이의 허물을 말한다면

도리어 자신의 공덕만 미약해질 뿐이니

다른 이에 관하여 결코 허물을 말하지 않는 것이

보살의 수행이라네.

33. 이익과 명예를 탐하면

좋은 인연과도 다툼을 일으키게 되나니,

다른 이의 모든 소유물에 대하여

집착을 끊어버리는 것이 보살의 수행이라네.

34. 거칠고 나쁜 말은

다른 이의 마음을 괴롭힐 뿐 아니라

나의 덕행을 기울게 하나니

상대의 마음을 상하게 하는

거칠고 유쾌하지 않은 말은

다른 이에게 하지 않는 것이 보살의 수행이라네.

35. 번뇌에 익숙해지면

쉽사리 극복하기 어려우니

순간순간 생각을 알아차려 정진에 힘쓸 것이니

집착이 생기어 번뇌가 일어나는 즉시

잘라버리는 것이 보살의 수행이라네.

36. 어떤 상황에 처해 무슨 일을 하든지

자신의 마음이 어디에 있으며 어떤 상태에 있는지

늘 깨어있는 마음으로 섬세하게 관찰하여
남을 이롭게 돕는 것이 보살의 수행이라네.

37. 깨달음을 향해 정진한 모든 공덕을
일체 중생의 고통을 없애기 위하여
차별심이 떠난 원융무애한 반야지혜로
보리도에 회향하는 것이 보살의 수행이라네.

참된 성현들의 말씀에 의지하여
현교와 밀교의 경서와
그 밖의 논서들에서 말씀하신 것들을
보살도를 수행하고자 하는 이들을 이롭게 하고자
보살의 서른일곱 가지 수행법으로 엮었나이다.

저는 지혜가 얕고 배움이 적으므로

지자智者들을 기쁘게 할 문장이 아닐지 모르지만
경전과 성현들의 가르침에 의지한 것이므로
이 보살의 수행법에 잘못된 것은 없으리이다.

그러나 더없이 광활한 보살의 수행법은
저처럼 우둔한 지혜로는 헤아리기 어려우니
도리에 어긋나거나 모순되는 등의 모든 과실은
모든 성현께서 너그러이
인내해 주시길 청하나이다.

이로써 생긴 모든 공덕과
속제와 진제의 수승한 보리심으로써,
모든 중생들이
윤회와 열반의 이변二邊, 그 어디에도 머물지 않는
보호주이신 관세음보살의

과위를 증득하여지이다.

이 보살의 37수행법은 경전의 이치를 강의하고 전수하는
비구 톡메가 자타의 이익을 위해 은수보동銀水寶洞에서 쓴 것이다.

*백팔배송을 하시고자 하는 불자님께서는 뒤 367쪽을
참고하시기 바랍니다.

❀백팔배송

참회한 공덕으로
선행공덕 이루고저
삼보전에 예배하며 발원하니
제불보살님 증명하여 주소서.

1. 복덕지혜 원만하신 우리스승 부처님께
   절 합니다.

2. 일체중생 지혜롭게 밝혀주는 가르침에
   절 합니다.

3. 지혜복덕 이루도록 정진하는 스님네께
   절 합니다

4. 삼보인연 감사하고 은혜갚길 명심하며
절 합니다.

5. 무지하여 지어온일 오늘모두 참회하며
절 합니다.

6. 악연으로 만난이들 내가먼저 용서하며
절 합니다.

7. 다겁생래 빚진이들 평안하길 바라오며
절 합니다.

8. 과거전생 원결진이 왕생극락 발원하며
절 합니다.

9. 남의허물 거울삼아 나의잘못 돌아보며
   절 합니다.

10. 나쁜업은 멀리하고 선업으로 닦아가며
    절 합니다.

11. 크고넓은 마음으로 걸림없이 용서하며
    절 합니다.

12. 집착하는 그마음이 고통임을 자각하며
    절 합니다.

13. 지난일에 얽매여서 마음두지 아니하며
    절 합니다.

14. 오지않은 미래상을 근심하지 아니하며
    절 합니다.

15. 지난과거 집착않고 지금현재 자각하며
    절 합니다.

16. 참회로써 화해하여 향기로운 마음으로
    절 합니다.

17. 나잘났단 고집놓고 겸손의덕 사유하며
    절 합니다.

18. 혼란할때 올바른길 일러주신 스승님께
    절 합니다.

19. 사랑으로 낳으시고 길러주신 부모님께
    절 합니다.

20. 외로울때 힘이되는 소중한벗 친구에게
    절 합니다.

21. 닫힌마음 열어주는 고마운님 도반에게
    절 합니다.

22. 침묵으로 설법하는 산하대지 허공계에
    절 합니다.

23. 지친마음 달래주는 아름다운 대자연에
    절 합니다.

24. 넓은가슴 열어주는 천지만물 중생계에
절 합니다.

25. 함께사는 온가족이 건강하길 기원하며
절 합니다.

26. 사랑하는 자손들이 행복하길 바라오며
절 합니다.

27. 가족간에 배려하고 사랑하길 다짐하며
절 합니다.

28. 이해하는 마음으로 가족들을 사랑하며
절 합니다.

29. 형제자매 온가족이 화목하길 바라오며
절 합니다.

30. 열린입을 다듬어서 평화롭기 바라오며
절 합니다.

31. 단정하고 향기로운 몸가짐을 생각하며
절 합니다.

32. 긍정적인 생각으로 좋은인연 지어가며
절 합니다.

33. 모든이들 평온하여 행복하길 바라오며
절 합니다.

34. 어리석음 벗어나서 반야지혜 이루고자
절 합니다.

35. 탐욕심을 자제하고 보시하는 마음으로
절 합니다.

36. 모든집착 벗어나서 걸림없는 마음으로
절 합니다.

37. 생각없이 살아왔던 지난날을 돌아보며
절 합니다.

38. 자비방생 실천하여 모든생명 사랑하며
절 합니다.

39. 이웃들과 나눔으로 함께하길 바라오며
절 합니다.

40. 사랑하는 이들에게 모든정성 기울이며
절 합니다.

41. 부드러운 말한마디 모든다툼 소멸하며
절 합니다.

42. 칭찬하는 말한마디 화합으로 이루오며
절 합니다.

43. 아름다운 이야기로 기쁜마음 나누오며
절 합니다.

44. 자비로운 마음으로 이웃들과 함께하며
    절 합니다.

45. 선행공덕 이루도록 도와주는 인연들께
    절 합니다.

46. 사대육신 강건하여 불법위해 봉사하며
    절 합니다.

47. 이내마음 단속하여 여유로운 마음으로
    절 합니다.

48. 어둠에서 깨어나서 밝은마음 이루오며
    절 합니다.

49. 헛된욕망 벗어나서 진솔하게 살아가며
절 합니다.

50. 행복향한 이내마음 자신부터 사랑하며
절 합니다.

51. 화합위한 인연들께 내가먼저 손내밀며
절 합니다.

52. 지금바로 이순간에 충실하길 다짐하며
절 합니다.

53. 참는것은 모든덕의 근본임을 명심하며
절 합니다.

54. 모든 것에 주인공은 마음임을 자각하며
절 합니다.

55. 내자신을 닦는데에 게으르지 아니하며
절 합니다.

56. 역경속에 있더라도 희망잃지 아니하며
절 합니다.

57. 침묵속에 고요함이 참나임을 발견하며
절 합니다.

58. 마음공부 함께해줄 좋은도반 기다리며
절 합니다.

59. 부드러운 시선으로 이세상을 바라보며
절 합니다.

60. 맑은마음 열린귀로 모든소리 경청하며
절 합니다.

61. 절도있는 음식으로 이내몸을 유지하며
절 합니다.

62. 현재인연 수용하여 감사하는 마음으로
절 합니다.

63. 사람만이 희망이요 주인임을 자각하며
절 합니다.

64. 언제라도 내가먼저 미소짓는 마음으로
절 합니다.

65. 나의공덕 원만하여 이웃에게 회향하며
절 합니다.

66. 여유있는 마음으로 자비심을 함양하며
절 합니다.

67. 지난업장 소멸되어 맑은향기 사르오며
절 합니다.

68. 말과행동 살피어서 화합대중 이루고자
절 합니다.

69. 집착으로 인한고통 놓는기쁨 이루고자
절 합니다.

70. 어둔세상 등불되어 광명으로 밝히오며
절 합니다.

71. 불퇴전의 정진으로 물러서지 않으오며
절 합니다.

72. 두려움에 주저않고 평화로운 믿음으로
절 합니다.

73. 이웃들과 행복하게 배려하는 마음으로
절 합니다.

74. 혼란에서 벗어나서 깨어있는 마음으로
절 합니다.

75. 나를보는 모든이는 행복하길 바라오며
절 합니다.

76. 내이름을 듣는이는 발심하길 바라오며
절 합니다.

77. 나로인해 상처받은 영혼들을 위로하며
절 합니다.

78. 닫혀있는 나의마음 활짝열기 바라오며
절 합니다.

79. 부처님법 바로알아 생활속에 실천하며
절 합니다.

80. 나쁜습관 바로잡아 선행공덕 지어가며
절 합니다.

81. 어리석은 욕심에서 무상보시 행하오며
절 합니다.

82. 이기심을 버리고서 우리모두 함께하며
절 합니다.

83. 교만에서 벗어나고 하심하는 마음으로
절 합니다.

84. 나태에서 벗어나서 성실하게 살아가며
   절 합니다.

85. 미움에서 벗어나서 사랑하는 마음으로
   절 합니다.

86. 분별시비 모두놓고 마음부처 모시오며
   절 합니다.

87. 모든고통 내려놓고 즐거움이 충만하며
   절 합니다.

88. 분노에서 벗어나아 자비로운 마음으로
   절 합니다.

89. 몸과마음 깨끗하여 무병장수 바라오며
절 합니다.

90. 바른신심 굳게내어 믿음으로 살아가며
절 합니다.

91. 나와남이 따로없이 하나임을 존중하며
절 합니다.

92. 고통바다 윤회에서 벗어나길 바라오며
절 합니다.

93. 내가지은 인연공덕 남을위해 회향하며
절 합니다.

94. 순박하고 꾸밈없이 진솔하게 살아가며
절 합니다.

95. 천진면목 나의공덕 부처님께 받치오며
절 합니다.

96. 고통받는 이를보면 자비로써 구제하며
절 합니다.

97. 몸과마음 반듯하여 이웃에게 본이되며
절 합니다.

98. 남이닦은 선행공덕 기쁨으로 함께하며
절 합니다.

99. 복짓는일 동참하고 찬탄하는 마음으로
　　절 합니다.

100. 부처님법 의지하고 바른신심 일으키며
　　 절 합니다.

101. 보살마음 견고하여 육바라밀 실천하며
　　 절 합니다.

102. 지난과보 참회하고 보리공덕 이루오며
　　 절 합니다.

103. 일체법의 공한이치 어서빨리 깨닫고저
　　 절 합니다.

104. 바라는바 모든소원 원만성취 바라오며
절 합니다.

105. 인연맺은 모든이들 행복하길 바라오며
절 합니다.

106. 시방법계 일체중생 보리도를 이루고저
절 합니다.

107. 모든이들 불성종자 자라나길 기원하며
절 합니다.

108. 우리모두 부처님과 같아지길 기원하며
절 합니다.

이차인연 공덕으로 누구누구 할것없이
불법인연 무루익어 서방정토 태어나서
불보살님 회상에서 함께하길 바라오며
반야지혜 드러나고 무량복락 이루어서
평안하고 행복하길 지극정성 바랍니다.

마하반야 바라밀

마하반야 바라밀

나무마하 반야바라밀

삼보찬·참법의문 도움말

*장육금신 ; 일장육척—丈六尺(16자) 크기의 불상 – 부처님의 몸을 일컫는다.

*백옥호白玉毫 ; 부처님의 미간에 있는 광명 상相.

*육도六道 ; 지옥 · 아귀 · 축생 · 아수라 · 인간 · 천상도道.

*용화회상龍華會上 ; 미륵불이 설법하는 법회.

*법보法寶 ; 부처님의 가르침.

*금구金口 ; 부처님의 입, 부처님의 말씀.

*삼장법사三藏法師 ; 경 · 율 · 론 삼장에 정통한 스님.

*색신色身 ; 물질로 이루어진 모든 것.

*호궤胡跪 ; 오른쪽 무릎을 땅에 대고 꿇어앉는 것.

*삼보三寶 ; 불보 · 법보 · 승보.

*무생법인無生法忍 ; 모든 것이 불생불멸임을 아는 것.

제1권 도움말

*일승一乘 ; 중생을 깨달음에 나아가도록 하는 부처님의 궁극의 가르침은
   하나라는 말. 부처님은 상황과 근기에 맞게 여러 가지 가르침을 펴셨
   지만 결국 하나의 가르침으로 귀착함을 의미.

*원교圓敎 ; 원만하고 궁극적인 부처님의 가르침.

*돈교頓敎 ; 점차적으로 깨치지 않고 단박에 깨닫게 하는 가르침.

*삼업三業 ; 몸과 입과 뜻으로 짓는 행업.

*발로참회發露懺悔 ; 자기가 저지른 죄와 허물을 대중 앞에서 숨김없이 고
   백하는 것.

*삼독三毒 ; 탐욕 – 욕심내고, 진에 – 성내고, 우치 – 어리석은 행이 심한 독

을 지니게 된다.

*사섭법四攝法 ; 중생을 교화하기 위한 네 가지 행위. ①보시, ②부드러운 말, ③남을 이롭게 하는 것, ④남과 같은 입장에 서서 남의 일을 돕는 것.

*사생四生 ; 태로 태어나는 것-태생胎生, 알로 태어나는 것-난생卵生, 습기로 태어나는 것-습생濕生, 변화하여 태어나는 것-화생化生.

*무상보리無上菩提 ; 부처님의 원만한 깨달음의 최상의 지혜.

*사무량심四無量心 ; 자慈-즐거움을 주고, 비悲-고통을 없애주고, 희喜-함께 기뻐하고, 사捨-사랑하고 미워하고 친하고 멀리함이 없이 평등한 것.

*육바라밀六波羅密 ; 보시, 지계, 인욕, 정진, 선정, 지혜의 여섯 가지 바라밀로 대승불교의 수행 실천덕목.

*사무애지四無碍智 ; 자유자재하고 막힘없는 네 가지의 언어 능력과 이해 능력.

*육신통六神通 ; 천이통, 천안통, 숙명통, 타심통, 신족통, 누진통.

*지계持戒 ; 불자로써 수지해야 할 계행을 지키는 것. 육바라밀 중의 하나로 실천 덕목.

*사악취四惡趣 ; 육도六道 중 고통이 심한 지옥, 아귀, 축생, 아수라.

*십지十地 ; 보살이 부처를 이루기까지 닦아 나아가는 수행지위. ①환희지歡喜地, ②이구지離垢地, ③발광지發光地, ④염혜지焰慧地, ⑤난승지難勝地, ⑥현전지現前地, ⑦원행지遠行地, ⑧부동지不動地, ⑨선혜지善慧地, ⑩법운지法雲地.

*등정각等正覺 ; 삼먁삼보리. 부처님의 평등하고 바른 진리의 깨달음. 혹은 그 진리를 깨달은 사람. 여래 십호의 하나인 정변지와 같이 쓰임.

*육근六根 ; 눈, 귀, 코, 입, 몸, 뜻으로 상대적인 경계를 인식하는 근본.

*육식六識 ; 육근이 육진을 상대하여 발생하는 작용, 인식.

*육진六塵 ; 육근이 상대하는 경계.

*법진法塵 ; 육진의 하나. 의근, 즉 뜻의 대상인 여러 가지 법, 집착을 일으키는 현상.

*오역죄五逆罪 ; ①, ②부모를 다치게 하거나 죽음에 이르게 한 죄. ③아라한을 다치게 한 죄. ④불상을 훼손한 죄. ⑤화합 승가를 깨뜨린 죄.

*십악업十惡業 ; 몸으로 짓는 살생·투도·음행, 입으로 짓는 망어·기어·양설어·악구어, 뜻으로 짓는 탐심·진심·치심의 죄업.

*단멸斷滅 ; 한 번 죽으면 끝나 없어지고 다시는 나지 않는다는 주장. 인과의 윤회를 믿지 않는 소견.

*항상恒常 ; 상견이며, 세계와 자아는 영원히 불멸한다고 믿어 집착하는 소견.

*정변지正編知 ; 부처님의 십호 중의 하나. 모든 것을 바르게 다 아신다는 뜻.

*근기根器 ; 중생들 각자 갖고 있는 소양과 기질, 능력.

*회광반조回光返照 ; 언어나 문자에 의지하지 않고, 자기를 돌아보고 살펴서 바로 심성을 비쳐 보는 것.

*환희지歡喜地 ; 보살의 열 가지 지위 중 제1의 수행점차.

*사은四恩 ; 네 가지 은혜 - 부모은혜, 중생은혜, 국왕은혜, 삼보佛·法·僧 은혜.

*삼유三有 ; 삼계 - 욕계, 색계, 무색계.

제2권 도움말

*인공人空과 법공法空 ; 사람과 법이 다 공空하다는 이론.

*복엄福嚴과 혜엄慧嚴 ; 복과 지혜를 구족하는 것.

*진제眞諦 · 속제俗諦 ; 실다운 진리와 현상의 차별.

*이장二障 ; 번뇌장과 해탈장.

*법상法相 ; 모든 사물의 있는 그대로의 모습, 또는 모든 법의 본성.

*사마四魔 ; ①탐욕을 비롯한 번뇌는 신심을 어지럽히는 마, ②죽음의
    마, ③오온이 치성한 고통의 마, ④욕계의 천왕·천신이 좋은 일을
    방해하기 때문에 마魔다.

*오개五蓋 ; 선법을 가로막는 다섯 종류의 번뇌. ①탐욕, ②성냄, ③혼침
    과 수면, ④산란과 나쁜 짓, ⑤의심이 많은 것.

*업진業塵 ; 악업은 몸을 더럽히므로 업의 때라고 함.

*관지觀智 ; 선정에서 나오는 지혜.

*무루혜無漏慧 ; 번뇌로 더럽혀지지 않는 진실한 지혜.

*삼선천三禪天 ; 수행에 의하여 욕계의 미혹을 넘어 태어나는 색계의 셋째
    하늘. 기쁨을 소멸하여 마음이 평온하고 묘한 즐거움을 느낌. 소정
    천, 무량정천, 변정천.

*법운지法雲地 ; 보살의 지위 중 마지막 지위地位. 큰 법의 지혜의 구름으
    로 감로의 비에 젖을 수 있는 지위.

*미증유未曾有 ; 부처님의 공덕이 불가사의함을 표현한 것.

*십주十住 ; 보살이 수행하는 52단계 중 11위부터 20위까지. 십지十地를 뜻
    하기도 함.

*육계肉髻 ; 32상의 하나. 부처님의 정수리, 정계頂髻라고도 하며, 무견정
    상無見頂相이라고도 한다. 부처님의 정수리가 솟아 상투 모양의 모습.

*삼달지三達智 ; 과거 · 현재 · 미래를 다 아는 지혜.

*여래 · 응공 · 정변지 · 명행족 · 선서 · 세간해 · 무상사 · 조어장부 · 천인

사 · 불세존 ; 여래십호如來十號 ; 부처님께 있는 공덕상功德相을 일컫는 열 가지 명호. ①여래如來 - 범어로는 다타아가타. 이 말 뜻은 실답게 오고가다, 진리와 같이 오고가다라고 한다. 즉 지금까지의 부처님처럼 같은 길을 걸어서 열반의 피안에 도달한 사람이란 뜻. ②응공應供 - 범어로는 아라하. 온갖 번뇌를 끊어서 인간 · 천상의 중생들에게 공양을 받을 만한 덕 있는 사람을 뜻함. ③정변지正徧知 - 범어로는 삼먁삼불타. 정등정각正等正覺이라 번역. 일체의 지혜를 갖추어 온갖 우주간의 물심物心 현상에 대하여 모르는 것이 없다는 뜻. ④명행족明行足 - 계 · 정 · 혜戒定慧 삼학三學의 각족脚足에 의하여 무상정변지無上正徧智를 얻었다는 뜻. ⑤선서善逝 - 인因으로부터 과果에 가기를 잘하여 돌아오지 않는다는 뜻. 부처님은 실답게 저 언덕에 가서 다시 생사의 바다에 빠지지 않기 때문에 이렇게 이름함. ⑥세간해世間解 - 부처님은 능히 세간의 온갖 일을 다 아신다는 뜻. ⑦무상사無上士 - 범어로는 아뇩다라. 부처님은 일체 중생 가운데서 가장 높아서 위가 없는 대사大士라는 뜻. ⑧조어장부調御丈夫 - 부처님은 대자大慈 · 대비大悲 · 대지大智로써 중생에 대하여 부드러운 말, 간절한 말, 또는 여러 가지 말을 써서 조복제어調伏制御하고 정도正道를 잃지 않게 한다는 뜻. ⑨천인사天人師 - 하늘과 인간 세상의 모든 중생들의 스승이라는 뜻.

*일진법계 -眞法界 ; 유일한 구경의 진리.

*살바야薩婆若 ; 범어의 음역으로, 번역하면 일체지혜-切智慧.

*이구지離垢地 ; 중생계의 더러운 경계에 있어도 번뇌를 떠난 경지. 보살 십지 중 둘째 과위.

제3권 도움말

*아승지阿僧祇 ; 범어의 음역. 셀 수 없는 수, 숫자.

*우담바라화優曇鉢羅華 ; 범어의 음역. 삼천 년에 한 번 핀다는 상상의 꽃.

*삼계三界 ; 욕계, 색계, 무색계.

*삼공三空 ; 아공我空, 법공法空, 구공俱空.

*사제四諦 ; 사성제四聖諦라고도 하며, 4가지의 틀림없는 진리를 말한다. 고제苦諦, 집제集諦, 멸제滅諦, 도제道諦. 고제와 집제는 미망의 인과因果를 나타내고, 멸제와 도제는 증오證悟의 인과를 나타낸다.

*삼명三明 ; ①숙명명宿命明 - 모든 과거의 일을 다 아는 신통력. ②천안명天眼明 - 자유자재하게 다 보고 아는 지혜의 눈. ③누진명漏盡明 - 무명 번뇌를 끊음이 자유자재하며, 실답게 사제의 이치를 얻어 다시는 삼계에 미迷하지 않는 능력.

*발광지發光地 ; 본각인 지혜의 광명이 나오는 자리.

제4권 도움말

*바라문婆羅門 ; 정행淨行, 정지淨志 등으로 번역. 인도의 4성 가운데 최고의 지위에 있는 종족으로 승려의 계급. 신의 후예라 자칭하며 왕의 윗자리에 있다.

*오안五眼 ; 육안肉眼 - 육신의 눈, 천안天眼 - 천인의 눈, 혜안慧眼 - 이승二乘의 눈, 법안法眼 - 보살의 눈, 불안佛眼 - 부처님의 눈.

*오승五乘 ; 인승人乘, 천승天乘, 성문승聲聞乘, 연각승緣覺乘, 보살승.

*오력五力 ; 신력信力 - 신앙, 근력勤力 - 노력, 염력念力 - 기억 · 생각, 정력定力 - 선정禪定, 혜력慧力 - 지혜.

*육법공양六法供養 ; 불·보살님께 올리는 향香공양, 등燈공양, 화花공양, 미米공양, 과果공양, 다茶공양.

*오온五蘊 ; 색色-물질, 수受-감각, 상想-표현·지각, 행行-의지·마음작용, 식識-기억·인식.

*오욕五欲 ; 재물욕財物欲, 색욕色欲, 식욕食欲, 명예욕名譽欲, 수면욕睡眠欲 등이 다섯 가지가 선정을 방해하고, 해탈의 길을 멀게 한다.

*오정五情 ; 오근五根-눈眼, 귀耳, 코鼻, 혀·입舌, 몸身.

*12분교十二分敎 ; 십이부경이라고도 한다. 경전의 형태를 형식, 내용에 따라 12종으로 구분한 것. 수다라〔經〕, 중송重頌, 수기授記, 고기송孤起頌, 무문자설無問自說, 인연因緣, 비유譬喩, 여시어如是語-本事, 본생本生, 방등方等, 미증유未曾有, 논의論議.

제5권 도움말

*무명주지無明住地 ; 근본무명을 말하며, 무명은 모든 번뇌의 소이所以와 소주所住가 되고, 또 번뇌를 내는 근본이 되므로 주지住地라 한다.

*수능엄삼매首楞嚴三昧 ; 보살이 닦는 정定의 하나. 대개 십지의 보살을 건사健士로 하고, 그들이 닦는 정이라는 뜻. 이 정은 장군이 군대를 이끌어 적을 무찔러 항복받는 것처럼, 번뇌의 마군을 파멸시킨다.

*80종호種好 ; 불·보살의 몸에 갖추고 있는 특수한 용모·형상 중에 현저하여 알 수 있는 32가지를 32상이라 하고, 미세하고 은밀하여 알 수 없는 것 80을 80종호라 한다. 두 가지를 합해 상호相好라고 일컫는다.

*현전지現前地 ; 보살 십지의 제6위. 최승最勝의 반야가 나타나는 지위.

제6권 도움말

*칠각지七覺支; 불도를 수행하는데 지혜로써 참되고 거짓되고 선하고 악한 것을 살펴서 선별하는 일곱 가지. ①택법각분擇法覺分-지혜로 모든 법의 진위眞僞를 간택하는 것. ②정진각분精進覺分-수행을 할 때 용맹한 마음으로 사행邪行을 여의고 정도正道에 전력하여 게으르지 않는 것. ③희각분喜覺分-마음에 선법善法을 얻어서 기뻐하는 것. ④제각분除覺分-그릇된 견해나 번뇌를 끊을 때에 능히 참되고 거짓됨을 알아서 올바른 선근을 내는 것. ⑤사각분捨覺分-외경外境에 집착하던 마음을 여윌 적에 참되지 못한 것을 추억하는 마음을 버리는 것. ⑥정각분定覺分-정定에 들어서 번뇌 망상을 일으키지 않는 것. ⑦염각분念覺分-불도佛道를 수행함에 정定·혜慧가 한결같게 하는 것.

*삼신三身; 법신法身, 보신報身, 화신化身.

*사지四智; ①대원경지大圓鏡智-불과佛果에서 처음으로 얻는 원만하고 분명한 지혜. ②평등성지平等性智-차별심이 없고 보살을 이익케 하는 지혜. ③묘관찰지妙觀察智-모든 법의 상相을 묘관찰하고 설법하여 의혹을 끊게 하는 데 사용되는 지혜. ④성소작지成所作智-보살과 이승二乘·범부 등을 이익케 하기 위하여 시방에서 삼업三業으로 여러 가지 변화하는 일을 보여 각기 이락利樂을 얻게 하는 지혜.

*객진번뇌客塵煩惱; 밖에서 와서 청정한 마음을 더럽히는 번뇌. 객客은 본래 없는 번뇌가 일시적으로 생긴 것. 진塵은 수없이 많은 것.

*원행지遠行地; 이 땅의 보살은 순무상관純無相觀에 주주住하여 과거 세간과 이승二乘의 유상행有相行을 벗어났으므로 원행지라 함.

제7권 도움말

*팔풍八風 ; 팔법이라고도 함. ①이利-이득, ②쇠衰-손실, ③훼毁-뒤에서 험담함. ④예譽-뒤에서 칭찬함, ⑤칭稱-면전에서 칭찬함, ⑥기譏-면전에서 비방함, ⑦고苦, ⑧낙樂의 여덟. 이것들은 사람을 선동하므로 풍이라고 한다.

*팔난八難 ; 부처님을 뵙지 못하고 불법을 듣지 못하는 경계. ①지옥·②아귀·③축생-삼악도의 고통이 심하기 때문에, 불법을 모르는 경계. ④장수천-장수를 즐겨 구도심求道心이 생기지 않는 것. ⑤변지邊地-즐거움이 너무 많아 구도심이 없는 것. ⑥불구자-감각기관의 결함 때문에 구도심이 없는 것. ⑦세지변청世智辯聰-세속의 지식이 많아 옳은 이치를 따르지 못하는 것. ⑧불전불후佛前佛後-부처님이 세상에 안 계실 때 태어남.

*팔음八音 ; 부처님 음성의 8종. ①극호음極好音-맑고 아름다워 듣는 이들이 싫증이 없고, 모두 도심道心에 들어가게 함. ②유연음柔軟音-자비심에서 나오는 음성으로 듣는 사람들을 기쁘게 하여 계율에 들게 함. ③화적음和適音-듣는 이의 마음을 화평하게 하여 이치를 알게 함. ④존혜음尊慧音-듣는 이들이 존중히 여겨 혜해慧解를 얻게 함. ⑤불여음不女音-듣는 사람이 두려운 마음으로 공경하게 하여, 천마·외도들이 굴복함. ⑥불오음不誤音-논의論意함이 잘못됨이 없고, 듣는 사람들이 바른 견해를 얻어 모든 잘못을 여의게 함. ⑦심원음深遠音-말소리가 뱃속에서 울려나와 사방에 들리며, 모두 깊은 이치를 깨달아 깨끗한 행이 더욱 높게 함. ⑧불갈음不竭音-말소리가 거침없이 힘차게 나와서 그치지 않으며, 듣는 이로 하여금 불심이 깊어지게 함.

*팔인八忍 ; 인忍은 인가의 뜻이며 지혜가 생기는 인因. ①고법인苦法忍-욕

계의 고제苦諦를 관하여 생기는 무루심. ②고류인苦類忍 - 색계 · 무색계의 고제를 관하여 생기는 무루심. ③집법인集法忍 - 욕계의 집제集諦를 관하여 생긴 것. ④집류인集類忍 - 색계 · 무색계의 집제를 관하여 생긴 것. ⑤멸법인滅法忍 - 욕계의 멸제滅諦를 관하여 생긴 것. ⑥멸류인滅類忍 - 색계 · 무색계의 멸제를 관하여 생긴 것. ⑦도법인道法忍 - 욕계의 도제道諦를 관하여 생긴 것. ⑧도류인道類忍 - 색계 · 무색계의 도제를 관하여 생긴 것.

*대각금선大覺金仙 ; 부처님의 다른 이름.

*무차대회無遮大會 ; 귀 · 천, 상 · 하를 막론하고 평등하게 재財 · 법法의 두 가지를 베푸는 법회.

*팔정도八正道 ; 불교의 실천 수행의 중요한 8가지 덕목. ①정견正見 - 바른 견해이며, 인연과 사제四諦 등에 관한 지혜. ②정사유正思惟 - 몸과 말에 의한 행위를 하기 전에 바른 의사 또는 결의. ③정어正語 - 정사유 뒤에 생기는 바른 언어적 행위, 진실하고 사랑하며 융화시키는 유익한 말을 하는 것. ④정업正業 - 정사유 뒤에 생기는 바른 신체적 행위. ⑤정명正命 - 바른 생활. 바른 직업에 의해 바르게 생활하고, 규칙적인 일상생활로 경제생활과 가정생활이 건전하게 수행되는 것. ⑥정정진正精進 - 용기를 갖고 바르게 노력하는 것. 종교적 · 윤리적 · 정치적 · 경제적 · 육체적인 모든 면에서 어긋나는 악을 줄이고, 선행을 증대시키는 일을 꾸준히 하는 것. ⑦정념正念 - 바른 의식을 갖고 이상과 목적을 언제나 잊지 않는 일. ⑧정정正定 - 정신통일, 즉 사선정四禪定, 일상생활에서 마음을 안정시키고 정신을 집중하는 선정의 생활은 바른 지혜를 얻어 적절하게 활용하게 되는 바른 생활의 기본이 된다.

*부동지不動地 ; 무상無相의 지혜가 끊임없이 일어나서 번뇌에 움직이지 않

는 지위.

제8권 도움말

★유가부瑜伽部 ; 범어 yoga의 음역으로 상응相應이라 번역한다. 조식(調息 ; 호흡을 조정한다) 등의 방법에 의해서 마음을 한 곳에 집중하여, 지止와 관觀을 주로 하는 관행觀行을 닦음으로 정리正理에 상응相應하여 명합일치冥合一致하는 것. 또는 수행자의 신구의身口意와 대일여래의 신구의가 서로 합일되게 하는 수행.

★조어사調御師 ; 불佛 십호十號의 하나. 부처님은 대자大慈·대비大悲·대지大智로써 유화柔和하고 간절하고 적절한 말을 하여 중생을 조복제어調伏制御하여 정도에 들게 하므로 조어장부調御丈夫라 한다.

★선혜지善慧地 ; 십지十地 중 제9지. 사무애지四無礙智를 얻어 시방에서 일체법을 연설하는 지위.

제9권 도움말

★십바라밀十波羅蜜 ; 보시, 지계, 인욕, 정진, 선정, 지혜의 6바라밀에 방편方便, 원願, 력力, 지智의 4바라밀을 더한 것.

★사부대중四部大衆 ; 불교 교단의 구성. ①비구比丘-독신 남자로, 출가하여 구족계具足戒를 받은 사람. ②비구니比丘尼-독신 여자로, 출가하여 구족계를 받은 사람. ③우바새優婆塞-청신사清信士라 번역. 재가의 남자로 불도佛道에 들어가, 삼보三寶에 귀의하고 오계五戒를 받아, 친히 섬기는 사람. ④우바이優婆夷-청신녀清信女라 번역. 세속에 있으면서 삼보에 귀의하고 오계를 받아 불교를 신봉하는 여자신도.

*칠방편인七方便人 ; 도를 깨닫기 전의 세 가지 어진 이의 지위와 네 가지 선근을 가진 이의 지위 등 일곱.

*37조(도)품助(道)品 ; 보리분菩提分, 각지覺支, 각분覺分이라고도 함. 불교의 지고의 목적인 깨달음의 경지를 실천하는 지혜를 얻기 위한 실천의 종류로 37항이 있으므로 37도품이라 한 것. 즉 사념처, 사정근, 사여의족, 오근, 오력, 칠각지, 팔정도.

*십력十力 ; 여래만이 갖춘 10가지 지력智力. ①여실如實히 이치와 이치가 아님을 아는 힘. ②여실히 삼세의 인과因果를 아는 힘. ③여실히 선정이나 삼매의 순서와 얕고 깊은 것을 아는 힘. ④여실히 중생의 능력과 성품의 높고 낮음을 아는 힘. ⑤여실히 중생의 이해하는 능력을 아는 힘. ⑥여실히 중생의 성품이나 소질과 그 행위 등을 아는 힘. ⑦여실히 인천人天 등의 모든 세계에 태어나는 행行의 인과因果를 아는 힘. ⑧여실히 과거세過去世의 일을 기억해 내어 다 아는 힘. ⑨여실히 천안天眼을 갖고 중생의 생사生死의 때나 미래생未來生의 선악의 세계 등을 아는 힘. ⑩스스로 모든 번뇌가 다하여 다음의 생존을 받지 않을 것을 알고, 또 다른 사람의 번뇌를 끊는 것을 아는 힘.

*사무소외四無所畏 ; 설법함에 있어 두려움이 없이 자신 있게 할 수 있다는 뜻. ①일체법을 깨달아서 두려움이 없는 자신自信. ②일체의 번뇌를 아주 끊어서 두려움이 없는 자신. ③수행에 장애되는 것을 다 설했기에 두려움이 없는 자신. ④고계苦界의 미망迷妄의 세계에서 벗어나 해탈에 들어가는 길을 설한 두려움이 없는 자신.

*18불공(법)不共(法) ; 부처님의 십력十力, 사무소외四無所畏, 삼념신三念信과 대비大悲를 합한, 부처님에게만 있는 능력.

*총상總相·별상別相 ; 총괄적 보편적인 양상 ↔ 개별적 특수적 양상. 모든

유위법有爲法에 통하는 무상無常·무아無我 등의 상이 총상인데 비해, 부분적으로 하나하나를 보는 것이 별상이다.

*12인연 ; 범부로서의 유정有情의 생존이 12조건에 의해 성립되어 있는 것. 12연기緣起라고도 한다. 12라 함은 무명無明, 행行·식識·명색名色·육입六入·촉觸·수受·애愛·취取·유有·생生·노사老死이고, 이것들은 범부로서의 유정有情의 생존을 구성하는 요소이며, 이것들이 '이것이 있을 때에 저것이 있고, 이것이 생김으로 하여 저것이 생기며, 이것이 없을 때 저것이 없고, 이것이 멸滅함으로 저것도 멸한다'고 하는 상의상대적相依相對的인 관계를 설하는 것이 12연기이다.

*오계五戒 ; 재가불자在家佛子가 지켜야 할 다섯 가지 계율. ①불살생不殺生 – 중생을 죽이지 말라. ②불투도不偸盜 – 남의 것을 탐내지 말고 훔치지도 말라. ③불사음不邪婬 – 부부가 아니면 음행을 하지 말라. ④불망어不妄語 – 거짓말·헛된 말·험한 말·이간질 하는 말 등을 하지 말라. ⑤불음주不飮酒 – 정신을 혼미하게 하는 술이나 환각제를 먹지 말라.

*일체지지一切智地 ; 모든 것을 다 아는 지혜의 지위. 부처님 지혜의 다른 이름.

*도종道種 ; 불도佛道의 종자種子.

제10권 도움말

*적정처寂靜處 ; 모든 번뇌가 소멸하여 평온한 열반의 경지.

발문

이 참법懺法은 미륵 부처님의 현몽에 의하여 '자비
도량참법'이라고 이름하였다.

그리고 양나라의 무제武帝가 닦았으므로 양황
보참梁皇寶懺이라고도 한다.

양 무제는 어느 날, 죽은 황후 치씨가 현세에서
지은 죄의 과보로 구렁이가 되어 찾아와서 제도
해 주기를 간청하므로, 이 참법을 닦아 치씨를
제도하여 하늘에 오르게 하였다.

양 무제의 이러한 인연설화에서 볼 수 있듯이,
이 참법을 닦은 사람은 영험을 얻어 죄가 없어지
고 복을 얻으며, 망령들을 제도하면 길이 괴로움
에서 벗어난다. 따라서 이 참법에 의하여 원결을

풀면 곧 원수가 없어지며, 이 참법은 병을 낫는 참다운 양약이며, 어두움을 깨뜨리는 밝은 등이며, 뭇 중생을 이롭게 하며, 그 은혜는 사바세계에 가득 차서 헤아릴 수가 없다.

또 이 참법의 글은 순박하고 아무런 꾸밈이 없고 자상하여, 독송을 하거나 듣는 이로 하여금 어느덧 그 간절한 법문 속에 이끌리게 하여, 그 제목이 가리키듯이 자비를 증장하여 모든 중생으로 하여금 고해苦海에서 해탈케 하기 위한 참회에 젖게 한다. 나의 잘못만을 참회하는 것이 아니고 남의 잘못을 내 허물로 삼아 참회하고, 모든 중생의 모든 죄장을 내 허물로 삼아 참회한다. 뿐만 아니라, 나아가서는 시방의 다함없는 모든 중생의 과거 · 현재 · 미래에 이르기까지 온 법계에 번뇌가 있고, 무명이 있고, 탐 · 진 ·

치 삼독이 있고, 사생육도로 헤매는 중생이 있는 한, 그들이 짓고 지을 죄와 업장까지를 참회하게 한다. 따라서 모든 인연 공덕을 나를 위하지 않고 남을 위해 회향하고, 모든 중생을 위하여 회향하여, 그 온갖 죄장이 소멸되고 원결은 풀리며, 정법을 받들어 수행하고 생활하는데 서로 돕는 길이 열려 내 마음이 밝아지며, 오늘날과 같이 사람의 마음이 메마르고, 사회가 혼탁한 때에 참법의 법문이야말로 우리에게 생명수와 같은 것이라고 믿는다.

부디 모든 중생이 이 인연 공덕으로 도탈중생度脫衆生 하기를 바란다.

나무 석가모니불

불기 2523년 5월 慈 雲 謹識

이 〈자비도량참법〉은 운허 용하 큰스님께서 번역하신 참법을 기초로 하여,
대한불교 조계종 행복선원에서 독송하기 편하고 이해하기 쉽게 현대적으로
간추려 기도용으로 정리한 일종의 약본略本입니다. 약본이라고 하지만 참법의
기본 취지와 뜻에는 어긋남이 없도록 정성을 다하였습니다. 혹 잘못된 부분이나
누가 되는 부분이 있다면 널리 이해와 가르침을 바랍니다.

펴낸날 2024년 12월 3일

펴낸곳 도서출판 운주사

주소 (02832) 서울시 성북구 동소문로 67-1 성심빌딩 3층

T. 02) 926-8361   F. 0505-115-8361

ISBN 978-5746-278-2   03220   값 18,000원

http://cafe.daum.net/unjubooks(다음카페: 도서출판 운주사)